PROFIL FORMATION

Collection dirigée par G

DU PLAN
A LA
DISSERTATION

LA DISSERTATION
FRANÇAISE
AUX BACCALAURÉATS
ET AUX CONCOURS
ADMINISTRATIFS

Paul DÉSALMAND
ancien élève de l'École Normale Supérieure
de l'Enseignement Technique

et Patrick TORT
agrégé de l'Université
docteur ès lettres

HATIER

Sommaire

© HATIER, PARIS 1977

ISSN 0750-2516   ISBN 2-218-05407.8

Cet ouvrage s'inspire partiellement du livre de Jacqueline Falq et Paul Désalmand, *La Dissertation*, publié aux Éditions CEDA, Abidjan.

Quelques corrigés se trouvent dans la partie relative aux *différentes formes de plan* : littérature nationale et littérature universelle (p. 20); pollution (p. 26); intérêt de la lecture (p. 33); violence (p. 37); être homme c'est être responsable (p. 41).

Introduction

Marcel Proust, dans *A la recherche du temps perdu,* décrit l'inquiétude de jeunes candidates au Bac qui s'interrogent sur les sujets donnés l'année précédente. L'un des sujets était : « Sophocle écrit des Enfers à Racine pour le consoler de l'insuccès d'*Athalie*. » L'autre : « Vous supposerez qu'après la représentation d'*Esther,* Madame de Sévigné écrit à Madame de La Fayette pour lui dire combien elle a regretté son absence. »

On comprend l'effarement de ces jeunes filles en fleur devant des sujets aussi éloignés des préoccupations de leur âge.

Depuis, heureusement, la dissertation a évolué; elle a été l'objet d'une libéralisation qui a porté à la fois sur la forme et sur le contenu.

En ce qui concerne la forme, s'il est toujours demandé au candidat d'écrire dans une langue soutenue, celui-ci dispose pour l'organisation de sa matière d'une plus grande marge de manœuvre. Dans le chapitre consacré aux « grands principes de la dissertation » nous montrons que, en dépit d'un certain nombre d'exigences qui subsistent, le candidat a vraiment la possibilité d'exprimer un sentiment personnel.

Les problèmes soulevés par les sujets sont, par ailleurs, dans la plupart des cas, plus proches des préoccupations contemporaines que ceux évoqués par Marcel Proust.

On ne s'étonnera donc pas que, tenant compte à la fois de cette libéralisation des contraintes formelles et de cette ouverture de l'école au monde, nous soyons parfois allés chercher nos exemples chez des journalistes. Car l'objectif du journaliste et celui du candidat sont les mêmes : INTÉRESSER ET CONVAINCRE.

Les grands principes de la dissertation

Passion + intelligence = Génie

A. Les exigences fondamentales

NÉCESSITÉ D'UNE RÉACTION PERSONNELLE

Les Instructions officielles qui définissent les épreuves de français aux différents examens insistent toujours sur la nécessité pour les candidats d'être eux-mêmes, d'exprimer une réaction personnelle. Voici par exemple quelques extraits des Instructions concernant le français au Baccalauréat :

« *Le troisième sujet ouvre* [...] *une large place à l'initiative ;* [...] *il fait appel à une réaction authentique ;* [...] *un problème auquel il* (le candidat) *attache un intérêt particulier* [...] *ce choix est entièrement libre ;* [...]
Ce troisième sujet demande au candidat de montrer [...] *qu'il est capable d'exprimer un sentiment personnel.* »

Cette insistance des rédacteurs des Instructions officielles s'explique très bien pour quelqu'un qui a une certaine habitude des examens. La tendance générale des élèves est, chaque fois que cela est possible, de se raccrocher à une question de cours et de faire fonctionner leur mémoire plutôt que leur aptitude à raisonner.

Les devoirs dans lesquels le candidat se contente de réciter une question de cours apprise par cœur sont en général mauvais et cela pour plusieurs raisons.

Tout d'abord, il est rare que la question de cours « colle » exactement au sujet. L'élève qui reproduit purement et simplement une question de cours a toutes les chances de ne pas traiter exactement le sujet donné. D'autre part, les problèmes ne se posent pas partout de la même manière; on s'attend évidemment à ce que le point de vue d'un élève de Martinique ne reflète pas le même univers culturel et ne soit pas exposé dans les mêmes termes que celui d'un élève de Lille ou de Saint-Brieuc. Enfin les réactions d'un professeur et celles d'un aspirant bachelier ne sont pas les mêmes. Pour naïve qu'elle soit parfois, nous préférons une réaction sincère à une réaction plus mûre, mais empruntée et qui sonne faux.

L'expression d'une pensée personnelle n'empêche pas évidemment qu'il soit fait référence aux réflexions d'autres personnes, en particulier d'écrivains. Les références à la littérature sont toujours les bienvenues; elles sont même dans certains cas, nous le verrons plus loin, obligatoires.

LE SUJET NE SE PRÊTE JAMAIS A LA RÉCITATION D'UNE QUESTION DE COURS OU D'UN CORRIGÉ TOUT PRÊT. ON ATTEND DE VOUS UNE *RÉACTION AUTHENTIQUE*, L'EXPRESSION D'UN *SENTIMENT PERSONNEL*.

NÉCESSITÉ D'AVOIR RECOURS A DES EXEMPLES

Pour donner la preuve d'une réflexion personnelle, d'un sentiment vécu, il faut que votre devoir soit enraciné dans le concret; il est donc nécessaire d'avoir fréquemment recours à des exemples. On se reportera à nos différents corrigés pour voir comment le lien est constamment établi entre les idées et les faits.

Un *exemple* est l'énoncé d'un fait qui vient à l'appui d'une affirmation. Il est donc nécessaire de toujours bien marquer le lien entre le fait choisi et l'affirmation qu'il vient conforter. Cette remarque a pour but d'éviter les devoirs où prolifèrent les allusions au réel, mais où les faits cités ne sont pas analysés, ni intégrés à l'intérieur d'un raisonnement.

L'essentiel est d'éviter le verbiage, les affirmations gratuites, l'accumulation de généralités si générales qu'elles ne sont plus que des banalités. Gardez en mémoire cette formule d'Henry James : « *Un gramme de concret vaut mieux qu'une tonne de généralités.* »

NÉCESSITÉ D'ÊTRE CLAIR ET COHÉRENT

Une bonne dissertation doit ressembler davantage à une démonstration mathématique qu'à une effusion lyrique. La qualité qu'on exige de vous est la rigueur logique. Cela ne veut pas dire que la sensibilité et l'éclat du style ne soient pas appréciés; mais dans la mesure où il s'agit avant tout de raisonner sur un problème, la rigueur de l'argumentation et la cohérence sont les qualités fondamentales.

On exige aussi de vous la clarté. Il ne suffit pas en effet qu'une chose soit claire pour vous, il faut encore qu'elle le soit pour votre lecteur. Il faut écrire sans faire un usage gratuit et spectaculaire de termes difficiles. Lorsque l'emploi d'un mot d'une difficulté particulière s'impose à vous, n'épargnez rien pour montrer que vous en avez parfaitement pénétré le sens et ressenti la nécessité.

Cherchez même la simplicité dans la construction de vos phrases. Si votre phrase est trop longue et risque d'être difficile à comprendre, ayez recours à des segments grammaticaux de moindre longueur.

UNE BONNE DISSERTATION EST L'EXPRESSION D'UNE RÉPONSE PERSONNELLE A UN PROBLÈME DONNÉ, FORMULÉE AVEC RIGUEUR ET CLARTÉ, ET SE RÉFÉRANT CONSTAMMENT AU RÉEL.

NÉCESSITÉ DE FAIRE UN PLAN

Le souci d'être clair, le souci de ménager l'intérêt, le désir de convaincre exigent que les idées qui vous assaillent ne s'accumulent pas sur votre feuille comme elles vous viennent à l'esprit. Cette mise en ordre des idées, travail essentiel de la dissertation, sera abordée dans les pages qui suivent.

B. Le schéma
d'une dissertation

Le souci de clarté impose que la pensée soit organisée à l'intérieur d'un plan. Il n'existe pas cependant, contrairement à une opinion répandue, de plan passe-partout. En particulier le plan thèse-antithèse-synthèse ne convient pas toujours, et il est vain de vouloir faire passer tous les sujets dans ce moule à gaufre.

Par contre une dissertation est presque toujours organisée autour d'un *problème*.

Ce problème peut être posé d'une manière très explicite, et, si cela se trouve ainsi, c'est une chance pour vous; dans les autres cas c'est à vous de dégager le problème avec, évidemment, le risque de passer à côté du sujet.

C'est un accident généralement fatal. Un devoir, si bon soit-il, ne peut obtenir la moyenne s'il est hors sujet. Cela n'a rien d'illogique. Quand il s'agit d'enfoncer un clou, l'important n'est pas de taper fort mais de taper sur le clou.

Voici, à titre d'exemples, deux sujets qui posent le même problème :

Sujet 1 : *Quelle part, selon vous, doit être faite, en art ou dans d'autres domaines, à l'imitation ?*

Sujet 2 : *Commentez cette réflexion de Paul Valéry :* « *Le lion est fait de mouton assimilé.* »

Le problème est le même dans les deux cas, mais dans le sujet 2 il faut commencer par dégager le problème contenu dans une formule à première vue énigmatique.

Savoir bien *cerner le sujet* et bien formuler le problème qu'il contient est peut-être ce qu'il y a de plus difficile dans la dissertation. Ne vous pressez pas. Si vous avez l'impression que ce sujet correspond à un devoir déjà fait en classe, soyez méfiant. N'écrivez pas huit pages avant de vous rendre compte que ce n'était pas tout à fait cela. Pas d'emballement. Il vaut mieux écrire une page sur le sujet que quinze à côté. Avant de prendre le départ, posez-vous la question que se posait un grand avocat avant d'aborder chacune de ses plaidoiries : DE QUOI S'AGIT-IL ? QU'EST-CE QUE JE DOIS DÉMONTRER ?

Cette exigence : *poser le problème et le résoudre* vous amène à organiser votre devoir selon le schéma suivant :

Schéma d'une dissertation *

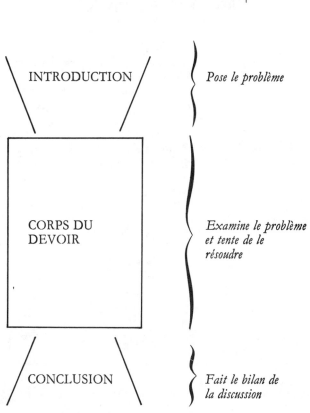

INTRODUCTION — *Pose le problème*

CORPS DU DEVOIR — *Examine le problème et tente de le résoudre*

CONCLUSION — *Fait le bilan de la discussion*

---

* Il ne s'agit pas à proprement parler du plan, mais d'un schéma qui s'impose presque tout le temps. Le problème du plan, c'est-à-dire le problème de l'agencement des éléments constituant le corps du devoir, sera abordé plus loin.

C. L'introduction

La dissertation porte presque toujours sur un problème et le rôle de l'introduction est de *poser le problème*.

Quand vous posez ce problème, il faut toujours *partir du postulat que votre lecteur ne connaît pas le sujet*.

Même si son énoncé est écrit sur votre copie, même si votre correcteur est le professeur qui a choisi le sujet, agissez comme si vous vous adressiez à un public neuf.

Cette exigence n'est aberrante qu'en apparence. Elle a pour but de vous donner de bonnes habitudes pour l'avenir.

Il faut non seulement *poser* mais aussi *situer le problème*. Imaginez toujours que vous vous adressez à un public non prévenu. Il est plus habile de lui montrer dans quel contexte un problème s'insère que de lui en assener brutalement l'énoncé.

De ce fait l'introduction est en général structurée selon le schéma suivant :

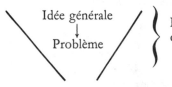

Idée générale
↓
Problème

Passage progressif de l'un à l'autre

L'INTRODUCTION DOIT RAPIDEMENT SITUER ET POSER LE PROBLÈME.

Problèmes posés par l'introduction

● *Faut-il dans l'introduction annoncer les différentes parties du devoir ?*

Sur ce point les avis sont partagés. La tradition veut qu'on annonce les différentes parties du développement. Mais ce que dit le *Guide de l'étudiant angliciste* (Éd. P.U.F., p. 128) ne manque pas de bon sens : « *Il faudra donc introduire le sujet et voici apparaître le mythe de l'introduction. On a pu exiger, au cours de vos études secondaires, que votre introduction énonce votre plan. Soyez moins scolaire ! La bonne introduction pose en fait le sujet, c'est-à-dire explique où se trouve le problème. Il est plus habile après cela d'accrocher les parties les unes aux autres comme les wagons d'un train. Quelle maladresse de l'annoncer dès le départ ! Tout l'intérêt du lecteur s'évanouit. »*

Ces réflexions sont d'autant plus justifiées que les élèves annoncent la plupart du temps les différentes parties avec une lourdeur pachydermique.

Exemple (à ne pas suivre) :

Dans une première partie nous allons démontrer que Valéry a raison. Puis dans une seconde partie nous nous efforcerons de montrer que ses adversaires n'ont pas entièrement tort. Enfin nous ferons une synthèse pour conclure que ...|...

C'est à peine une caricature.

A titre personnel, nous pensons que ce que disent les auteurs du *Guide de l'étudiant angliciste* est aussi vrai pour l'enseignement secondaire que pour l'enseignement supérieur. Si vous préférez être prudent, et sacrifier à la tradition en annonçant les différentes parties du plan dans l'introduction, il faut éviter de le faire d'une manière trop pesante; on doit se contenter d'indiquer les directions suivies, mais sans indiquer dans quel sens on va résoudre le problème. Indiquez la *démarche* qui sera la vôtre, mais non le *contenu* du devoir; donnez une idée du mouvement de la dissertation, mais évitez tout ce qui peut ressembler à une conclusion.

Évitez aussi évidemment (le cas est, hélas, fréquent) d'annoncer des parties qu'on ne retrouve pas par la suite.

- *Faut-il citer le sujet dans l'introduction ?*

Le problème posé évoque le cas où le sujet se présente sous la forme d'une *citation*.

Lorsque la citation est courte, il faut la reprendre intégralement dans l'introduction; lorsque la citation est longue, il faut dégager le problème qu'elle contient en s'appuyant sur les passages essentiels.

- *Où définir le vocabulaire employé dans le devoir ?*

Lorsque des mots du sujet peuvent prêter à confusion, il est nécessaire de les définir avant d'aborder la discussion.

S'il est possible de préciser en quelques mots le sens du vocabulaire employé, cette mise au point pourra prendre place dans l'introduction.

Mais si les définitions demandent un développement qui dépasse deux ou trois lignes, il vaut mieux ne pas les mettre dans l'introduction; elles se situeront au début du corps du devoir, avant la discussion ou au moment où le terme qui peut poser un problème est employé. Dans certains cas la définition d'un mot du sujet peut constituer une véritable partie du devoir.

Le fait de ne pas définir les mots importants a presque toujours des conséquences fâcheuses sur la suite du développement; vous avez à définir le ou les mots clés, et non tous les substantifs contenus dans le sujet. Si vous avez à discuter par exemple la formule : « *Le sport est devenu aujourd'hui une école de vanité* », évitez de consacrer dix lignes à définir le *sport,* puis dix lignes à définir une *école* et dix autres lignes pour dire en quoi consiste la *vanité.* Le mot clé est ici *vanité :* c'est lui qu'il faut définir très vite si vous voulez poser le problème contenu dans la formule.

IL EST NÉCESSAIRE DÈS LE DÉBUT DU DEVOIR DE PRÉCISER DANS QUEL SENS ON PREND LE OU LES MOTS CLÉS DU SUJET*.

● *La dissertation qui ne se présente pas comme un problème à résoudre*

Le cas est assez rare, mais il peut arriver que le sujet ne se présente pas véritablement comme un problème à résoudre. Voici par exemple un sujet donné au Bac :

« *Si vous aviez à incarner, à l'écran ou sur scène, un personnage de la littérature, lequel choisiriez-vous ? Pourquoi ? Comment le joueriez-vous ?* »

Il est évident que dans ce cas il n'est pas nécessaire de « *situer le problème* » et l'on peut très bien commencer sans préambule :

Si j'avais la possibilité de faire du théâtre et de choisir un rôle

---

* Sauf évidemment quand l'objet du devoir est de parvenir, à son terme, à produire une définition.

à ma convenance, mes préférences iraient vers le personnage du
Père Ubu.

Mais cette forme de devoir se présente assez rarement.

● *Longueur de l'introduction*

La bonne introduction doit être assez courte (dix à quinze lignes).

Sa longueur est cependant proportionnelle à la longueur du devoir; on s'accorde à dire qu'elle doit constituer environ 10 à 15 % de l'ensemble.

Il faut éviter les introductions abruptes comme celle-ci .

Selon l'auteur, la publicité serait l'ultime violence du monde moderne du fait qu'elle amène l'individu ou un groupe social à désirer l'indésirable.

Le rédacteur de cette « introduction » ne tient pas compte du principe énoncé plus haut, qui veut que le lecteur soit censé ignorer le sujet. Le lecteur est donc autorisé à se demander dans ce cas : *Quel auteur ? L'auteur de quoi ?*

Par ailleurs les expressions extraites de la phrase à commenter ne sont pas mises entre guillemets, et il est difficile de savoir ce qui revient dans cette phrase au candidat et à l' « auteur ».

S'il faut éviter les introductions trop abruptes, il faut éviter aussi les introductions trop longues, les introductions géantes qui finissent par constituer les trois quarts du devoir.

La méthode que nous venons d'exposer pour commencer une dissertation est la plus traditionnelle et souvent la plus efficace. On trouvera plus loin une manière différente de procéder qui est tout à fait acceptable mais plus difficile à mettre au point (p. 104, 105).

● *Passage progressif de l' « idée générale » au problème :*

Dans le schéma

Idée générale
↓
Problème

la flèche indique qu'il doit y avoir passage progressif de l'idée qui sert de point de départ au problème qu'elle permet d'amener.

Dans la réalité, beaucoup de candidats se contentent de juxtaposer une idée générale et l'énoncé d'un problème sans qu'il y ait enchaînement logique entre les deux. Le procédé le plus courant consiste à développer en quelques lignes une idée générale, puis, brusquement, à amener la phrase à commenter par le mot AINSI en disant par exemple : « *Ainsi un auteur contemporain affirme ...*/*...*» Le mot *ainsi* essaie de marquer un enchaînement logique qui n'existe pas en fait. On trouvera plus loin un exemple d'introduction où le problème est amené d'une manière moins artificielle.

● *Que faut-il entendre par idée générale ?*

L'expression « *idée générale* » n'est pas très satisfaisante et nous l'utilisons faute de mieux. Elle conduit en effet de nombreux candidats à commencer par des idées tellement générales qu'elles ne sont plus que des platitudes. Il faut éviter les devoirs qui commencent par des formules comme : « *S'il est un problème qui a passionné les philosophes, c'est bien celui de... /... ou : Aussi loin que l'on remonte dans la nuit des temps, le problème du .../... ou encore : Tous les hommes recherchent le bonheur, quelle que soit leur nationalité .../... »*

Parce qu'elles pourraient convenir à tous les sujets, ces introductions ne conviennent à aucun.

L'« *idée générale* » qui sert de point de départ peut être un fait précis fourni par l'actualité, un souvenir, une allusion à une expérience personnelle, l'énoncé de chiffres éloquents, une observation. Si vous manquez d'idées, regardez comment procèdent les journalistes pour amener rapidement le sujet qu'ils désirent traiter. A titre d'exemple, voici le début d'un article, extrait de la revue 50 *millions de consommateurs*, article évoquant les problèmes posés par certaines entreprises qui possèdent le monopole de tout ce qui concerne leur propre activité, ici les pompes funèbres :

Janvier 1975. Pour obéir au testament de son oncle, un menuisier de Villefranche-de-Lauragais fabrique son cercueil. Chêne centenaire, capiton mauve ; il arrive avec son chef-d'œuvre à la maison mortuaire. Invoquant leur monopole les Pompes funèbres du Sud-Ouest lui interdisent l'entrée.

La vieille loi de 1904 ...|...

Le point de départ n'est pas ici une généralité mais un fait frappant, caractéristique, et qui, à lui seul, pose le problème.

● *L'attaque directe*

L'erreur la plus fréquemment commise consiste à commencer directement par l'énoncé de la citation à commenter, et à passer ensuite à des généralités relatives à un problème qui n'a pas même été posé.

Si ceci doit être évité en tout état de cause, il est cependant des cas où le sujet se présente sous la forme d'une *courte question* — ou peut se laisser ramener à une *courte question*. Dans ce cas, on admet que l'introduction commence par l'énoncé littéral, ou légèrement transformé, de cette question. Par exemple, notre corrigé page 93 sur le sujet « *Un écrivain peut-il être sincère ?* » commence par la question : « *Peut-on être sincère en écrivant ?* »

Mais — et ce point est fondamental — une fois la question abruptement posée, il faudra, préalablement à toute réponse, l'expliciter et la différencier en y ajoutant des nuances et des reformulations plus approfondies.

● *Quand rédiger l'introduction ?*

On voit souvent dans les salles d'examen, au début de l'épreuve, des candidats suer sang et eau pour rédiger l'introduction. Cela tient au fait que, paradoxalement, il ne faut pas commencer par le commencement. L'introduction qui doit amener et poser le problème ne peut être rédigée que lorsque l'élève a longuement réfléchi au problème posé.

Nous conseillons de procéder ainsi : dès le début, prenez une feuille spéciale sur laquelle vous écrirez en gros caractères INTRODUCTION. Notez sur cette feuille dès qu'ils vous viennent à l'esprit les éléments utilisables. Mais ne procédez à la rédaction définitive de l'introduction que lorsque vous aurez établi le plan détaillé. Rédiger l'introduction devient alors un excellent moyen de contrôler si le plan suivi s'articule avec clarté et logique.

● *Exemple d'introduction classique*

Sujet : Commentez sous la forme d'un devoir composé cette réflexion faite il y a une soixantaine d'années par Léon Bloy : « *Je crois fermement que le sport est le plus sûr moyen de produire une génération de crétins malfaisants.* »

Introduction :

Les intellectuels font souvent preuve d'un certain mépris pour les sportifs. La condamnation prend même parfois une tournure quasiment politique ; le sport n'est plus perçu comme une activité pratiquée par des adultes qui veulent retrouver l'esprit d'enfance, mais comme une activité qui maintient ses adeptes à un stade infantile, et constitue de ce fait une grave menace pour la société. C'est ce qu'exprimait par exemple Léon Bloy lorsqu'il écrivait au début du siècle : « *Je crois fermement que le sport est le plus sûr moyen de produire une génération de crétins malfaisants.* »

En utilisant plus tard le sport aux fins que l'on sait, Hitler allait apporter à ce jugement la confirmation de l'histoire. On peut se demander, pourtant, si Léon Bloy n'a pas, poussé par son goût pour la polémique, simplifié à l'excès une question complexe.

D. Le corps du devoir : les différentes formes de plan

Nous allons dans cette partie revenir sur le problème du plan. Nous avons dit, en effet, qu'à l'intérieur du schéma INTRO-DUCTION — CORPS DU DEVOIR — CONCLUSION, plusieurs formes de plan pouvaient trouver place.

Nous n'évoquerons que les principales possibilités de plan, car en fait l'éventail est très large. Tout plan est bon dans lequel on trouve *ordre, rigueur logique* et *progression*. Nous donnerons auparavant quelques conseils pratiques concernant le corps du devoir.

● *Les parties*

Le corps du devoir ne doit pas se présenter comme un pavé compact. Il faut aérer.

L'ensemble sera divisé en un certain nombre de parties. On sautera deux ou trois lignes entre chaque partie. On procédera de même après l'introduction et avant la conclusion.

Le nombre des parties dans le corps du devoir peut varier. Le devoir pourra comporter deux, trois ou quatre parties. Au-delà de ce chiffre vous risquez l'éparpillement; voyez s'il n'est pas possible d'opérer des regroupements.

● *Les paragraphes*

Chaque partie comporte un certain nombre de paragraphes. Le passage d'un paragraphe à un autre sera marqué en allant à la ligne et en commençant par un alinéa.

On appelle paragraphe une subdivision de la partie; cette subdivision constitue une unité cohérente, le développement d'une idée. Il ne faut donc changer de paragraphe que lors-qu'on passe à une autre idée ou à un autre aspect important de la même idée.

Aujourd'hui, sous l'influence du journalisme, on tend à abuser de l'alinéa et à diviser le paragraphe. Ne cédez pas trop souvent à cette tentation.

Évitez, en tout cas, l'excès de zèle très pénible pour le correcteur qui consiste à aller à la ligne à chaque phrase. La copie du candidat qui va sans cesse à la ligne est aussi pénible à corriger que celle du candidat qui n'y va jamais.

Quelques possibilités de plan

1. LE PLAN DIALECTIQUE

Il s'agit du plan le plus connu des élèves, le fameux plan THÈSE — ANTITHÈSE — SYNTHÈSE.

La démarche préconisée est la suivante : après que le problème a été posé dans l'introduction, le corps du devoir comporte trois parties :

1. Thèse

Défense d'un certain point de vue sur la question.

2. Antithèse

Apport d'arguments opposés à la thèse défendue précédemment; on aboutit à une contradiction apparente.

3. Synthèse

Établissement d'une vérité moyenne plus nuancée, ou mieux, dépassement de la contradiction apparente à laquelle on avait abouti par l'apport d'éléments nouveaux.

On peut avoir souvent recours à ce plan, mais en se gardant des défauts les plus courants que sont la *juxtaposition simpliste de deux thèses opposées* et la *synthèse inconsistante*.

● *La juxtaposition simpliste de deux thèses opposées*

On voit des élèves défendre pendant deux pages une thèse, puis, sans transition, soutenir une position diamétralement opposée. En fait, l'antithèse ne doit pas prendre de but en blanc le contre-pied de la thèse; elle doit apporter un certain nombre de restrictions et d'arguments opposés à la thèse initiale. Ce n'est qu'au terme de l'antithèse qu'un problème se pose, problème né de l'incompatibilité des arguments en présence. La synthèse permet alors de sortir de l'impasse.

Si, par exemple, dans une première partie, on démontre chiffres en main que le problème démographique prend des proportions inquiétantes, on ne peut pas se mettre à affirmer, sans transition, que l'inquiétude dans ce domaine est sans fondement. Mais on commencera par évoquer les possibilités offertes par les nouvelles sources d'énergie, les nouvelles techniques de culture, les possibilités de régulation des naissances, autant d'éléments qui permettront d'atténuer les inquiétudes suscitées par la thèse.

● *La synthèse inconsistante*

Les élèves ont souvent beaucoup de peine, lorsqu'ils adoptent le plan dialectique, à rédiger la troisième partie, c'est-à-dire la synthèse. Pour ne rien leur cacher, c'est aussi une difficulté que rencontrent assez souvent leurs professeurs.

Si vraiment vous ne trouvez pas de quoi constituer une troisième partie, s'il vous semble que la conclusion suffit à faire le point, rédigez un devoir en deux parties, avec une conclusion assez étoffée. Ce sera toujours mieux qu'un devoir comprenant une troisième partie artificiellement plaquée, oiseux délayage de la conclusion.

La synthèse est en fait la partie la plus difficile. Dans certains cas elle peut se limiter à l'établissement d'une vérité moyenne; après avoir examiné les positions les plus extrêmes, on en vient à un point de vue plus nuancé. Cette méthode a souvent l'inconvénient de terminer le devoir d'une manière assez plate, mais il n'est pas toujours possible d'y échapper.

Il est souvent plus intéressant de procéder à un dépassement de la contradiction; cela peut consister par exemple à donner une explication de cette contradiction, ce qui est souvent en même temps une amorce de solution.

La synthèse peut aussi montrer que la contradiction n'est en fait qu'apparente ; ainsi, après avoir opposé littérature « nationale » et littérature à vocation « universelle », nous avons, dans un sujet traité page 20, montré qu'il n'y a pas toujours opposition entre l'une et l'autre, et que c'est souvent en étudiant un terroir ou un individu dans sa singularité que l'on atteint l'universel.

Remarques

1. L'ordre de présentation des arguments
Les élèves sont souvent embarrassés par un problème : des deux prises de position qui s'affrontent dans le plan dialectique, laquelle doit constituer la thèse ?

Éliminons tout d'abord l'idée qui veut que la prise de position de l'auteur commenté doive constituer obligatoirement la thèse. Rien ne justifie une telle idée.

L'ordre adopté dépend de la conclusion à laquelle vous

voulez aboutir. Si vous voulez aboutir à une conclusion « moyenne », l'ordre a peu d'importance. Mais dans le cas contraire il vaut mieux garder pour l'antithèse la prise de position qui correspond à votre conclusion. Vous commencez par montrer que vous connaissez la position adverse, puis vous revenez en force pour défendre la thèse qui vous tient à cœur.

2. Le plan par le « triple point de vue »
On trouve dans certains ouvrages sur la dissertation une allusion au plan par le « triple point de vue ».
   Par exemple, à propos d'une définition :
— point de vue de l'auteur de la citation commentée,
— point de vue habituel sur la question,
— point de vue du candidat.
   En fait, si ces trois points de vue étaient simplement juxtaposés, le devoir serait mauvais. Il faut qu'il y ait confrontation entre eux et qu'il y ait une progression à l'intérieur du devoir; de ce fait le plan se rapproche beaucoup du plan dialectique.

Exemple de plan dialectique

Sujet : Commentez, en l'appliquant à notre époque, ce jugement de Gœthe :
« *La littérature nationale, cela n'a plus aujourd'hui grand sens ; le temps de la littérature universelle est venu et chacun doit travailler à hâter ce temps.* »

Introduction

Gœthe vit dans une Europe en proie au « mouvement des nationalités ». Comme tout écrivain de son époque et de son milieu il est partagé entre le désir de favoriser l'essor d'un sentiment national en créant une littérature propre à son pays, et la tendance opposée, celle qui consiste à dépasser le cadre restreint d'une nation pour parler à tous les hommes. Après avoir un temps penché pour la thèse opposée, il en viendra à prendre nettement parti pour une littérature universelle et à proclamer : « *La littérature nationale, cela n'a plus aujourd'hui grand sens ; le temps de la littérature universelle est venu et chacun doit travailler à hâter ce temps.* »

Plus d'un siècle s'est écoulé depuis cette affirmation péremptoire; le problème semble pourtant n'avoir en rien perdu de son actualité.

Première partie : thèse

Un certain nombre de faits viennent confirmer la thèse de Gœthe selon laquelle « *le temps de la littérature universelle est venu* » :

— xxe siècle, époque des grands ensembles économiques qui tendent à effacer les frontières;

— rapidité des communications qui tend à rapprocher les hommes;

— uniformisation des structures socio-économiques et des techniques, et même des mentalités.

Tous ces éléments font que l'art franchit allègrement les frontières : exemple du jazz. Il en est de même pour la littérature. Je peux lire dans la même collection de poche des auteurs grecs, japonais, guinéens, polonais, américains, etc. Internationalisation de la culture bien résumée dans la phrase de Malraux : « *Et à cette heure, une femme hindoue qui regarde* Anna Karénine *pleure peut-être en voyant exprimer, par une actrice suédoise et un metteur en scène américain, l'idée que le Russe Tolstoï se faisait de l'amour...* »

L'écrivain est donc amené à penser à l'humanité entière plutôt qu'à son seul pays.

Deuxième partie : antithèse

Nécessité de nuancer cette affirmation :

— des sentiments dits « universels » comme l'amour prennent des formes très différentes selon les pays (au point que la manière d'aimer chez Proust passerait pour du dérangement mental chez certains peuples). Autres exemples possibles : le plaidoyer de Voltaire contre la guerre et l'intolérance, qui est pour nous l'expression du bon sens, suscite les plus vives réserves au Moyen-Orient. La notion d'*individu,* l'attitude devant la *mort* ou devant les *enfants* sont aussi très différentes selon les pays. Les « grands sentiments » ne sont donc pas aussi universels qu'on le dit et, de ce fait, les expériences ne sont pas facilement transférables d'un peuple à un autre;

— la tendance à l'uniformisation a déclenché un phénomène inverse : renforcement des mouvements régionalistes
(des formes de nationalisme) et « réethnisation » (on reprend
par réaction des éléments d'une culture qui étaient tombés en
désuétude). Sur le plan littéraire, essor des langues et des
littératures régionales ou nationales (Pérou, Tanzanie, Bre-
tagne, Occitanie);
— cas du Tiers Monde : rôle important des écrivains dans
les mouvements d'indépendance nationale.

Césaire assigne comme rôle à l'écrivain des pays du Tiers
Monde de favoriser l'éveil d'une conscience nationale.

Troisième partie : synthèse

— Nécessité de revenir sur le mot *universel*.

A ce stade de la discussion, on éprouve le besoin de préciser cette notion d'universalité; car dans bien des esprits
civilisation universelle équivaut à civilisation occidentale
(c'était sans doute la conception intime de Gœthe).

Il ne faut donc pas envisager une civilisation universelle
comme le résultat de l'extension au monde entier du modèle
occidental, mais comme la rencontre de cultures différentes,
l'harmonie et non l'uniformité.

Ainsi, même les pays qui ont pris comme langue nationale
une langue européenne pourront, dans cette langue, écrire
des œuvres authentiquement nationales.

— Dépassement de la contradiction.

En fait l'enracinement dans une culture et la vocation à
l'universel ne sont pas des termes antagonistes; c'est en
creusant sa singularité qu'on atteint à l'universel.

Exemples :

Molière : théâtre bien enraciné dans les réalités françaises,
et à vocation universelle.

Aimé Césaire : qui part d'une réalité relativement loca-
lisée et dont le théâtre est pourtant étudié et joué dans le
monde entier.

« *Dans ce coin du monde qu'est un village, il y a à peu près toute
l'humanité.* » Jules Renard.

« *Je me poserai sur une motte de terre, dans ma vigne, et je
creuserai jusqu'au centre de la terre.* » Ramuz.

Donc l'aspiration à la spécificité et l'aspiration à l'universel ne sont pas incompatibles.

Conclusion

Clairvoyance de Gœthe qui perçoit une tendance importante de l'évolution des sociétés humaines et le reflet qu'en donne la littérature. Mais nécessité de préciser que si effectivement une civilisation planétaire est souhaitable, c'est seulement à condition qu'elle respecte les différences. Pour reprendre une comparaison de Césaire, les nations seront comme des arbres qui unissent leurs branches, mais qui sont *différents à leur base.*

C'est donc à ce double mouvement, d'ouverture sur l'universel et d'enracinement dans une nation, que doit aujourd'hui travailler l'écrivain.

A vous de jouer

Liste de sujets qui peuvent être traités par le plan dialectique *.

1. « *La poésie n'est pas un ornement, elle est un instrument* » a dit Victor Hugo.

Expliquez et discutez cette formule en vous appuyant sur les œuvres des poètes qui vous sont familières.

2. Parlant du roman contemporain, Jean Ricardou affirme :
« *Le roman n'est plus l'écriture d'une aventure mais l'aventure d'une écriture.* »

Expliquez et discutez cette affirmation.

3. En réfléchissant sur cette boutade d'un mathématicien du XVIIIe siècle qui se serait écrié, après avoir vu une tragédie de Racine : « Qu'est-ce que cela prouve ? », vous vous demanderez si la littérature, et aussi les arts plastiques au cas où vous jugeriez bon de leur emprunter des exemples, peuvent et doivent vraiment *prouver.*

4. « *C'est dans les grands romans que l'humanité a déposé ses plus précieux trésors de sagesse et de sagacité, de poésie et de connaissance, des cœurs... Et c'est la véritable histoire de la vie réelle, l'histoire que n'ont jamais écrite les historiens.* »

Approuvez-vous cette définition (par Claude Roy) du contenu même et de l'intérêt propre du roman ? Commentez-la et discutez-la ; exprimez votre accord ou votre désac-

---

* Il est bien entendu que lorsque nous donnons une liste de sujets qui peuvent se traiter en utilisant une certaine forme de plan, cela ne signifie pas que cette forme soit la seule qui puisse convenir aux sujets en question.

cord avec des arguments personnels et des exemples tirés de vos lectures.

5. Julius K. Nyerere écrit dans *Indépendance et éducation* : « *Attacher trop d'importance aux connaissances livresques est aussi faux que de les sous-estimer.* »

Vous commenterez cette réflexion sous la forme d'un devoir composé.

6. Césaire écrit dans le *Discours sur le colonialisme* : « *... j'admets que mettre des civilisations différentes en contact les unes avec les autres est bien ; que marier des mondes différents est excellent ; qu'une civilisation, quel que soit son génie intime, à se replier sur elle-même, s'étiole .../...* » mais il précise immédiatement que tous les contacts ne sont pas également fructueux.

Vous commenterez cette opinion sous la forme d'un devoir composé.

7. « *Les risques de la télévision existent bien entendu, mais ils sont à la mesure des espérances.* »

Expliquez et discutez cette opinion à l'aide d'exemples précis et si possible personnels.

8. « *On sait qu'un des effets du tourisme, là ou il atteint sa plus grande densité, est la destruction de la beauté, de la poésie, de la solitude dans les régions sur lesquelles il se répand* » écrivait récemment un journaliste.

Commentez et discutez cette affirmation.

9. « *La croyance au progrès est une illusion typique de l'homme « économique »*, écrit J. Hartung dans *Unité de l'homme.*

Discutez cette affirmation.

10. Au cours d'un débat, un homme politique a déclaré : « *Les cités gigantesques ne répondent ni aux souhaits, ni aux besoins, ni au bonheur des hommes.* »

D'autres répondent que « *cette urbanisation accélérée est souhaitable et bénéfique* ».

Expliquez et discutez ces jugements.

11. En vous appuyant sur vos lectures, expliquez et discutez cette affirmation de Victor Hugo :

« *Améliorer la vie matérielle c'est améliorer la vie ; faites les hommes heureux, vous les faites meilleurs.* »

2. LE PLAN PROBLÈMES-CAUSES-SOLUTIONS

Ce plan consiste à bien faire sentir le problème à partir de faits précis, de chiffres, d'anecdotes significatives. Les journalistes utilisent souvent ce procédé qui a le mérite d' « accrocher » le lecteur, de provoquer en lui une inquiétude, et qui lui donne par conséquent l'envie de pousser plus loin sa lecture.

Les problèmes ayant été évoqués avec vigueur, on s'efforce ensuite de leur trouver une explication. Puis tout naturellement viennent quelques propositions pour remédier aux maux évoqués; après le mal, le remède.

On obtient donc le plan suivant :

I   Problèmes
II   Causes
III Solutions.

Ce plan convient très souvent aux dissertations d'ordre général qui portent sur les grandes questions contemporaines. Il ne convient par contre que très rarement à l'essai littéraire.

Exemple :

Sujet : La pollution est-elle selon vous l'une des fatalités du monde moderne ?

Le plan dialectique aurait pu être utilisé dans ce cas, articulé autour du mot *fatalité* :

1. Caractère apparemment inévitable et irréversible du phénomène *(fatalité)*.
2. Remise en cause du point de vue précédent (comportant l'analyse des causes et les solutions découlant de cette analyse).

Cette deuxième partie pourrait même être subdivisée en deux parties, l'une portant sur les causes proches et leurs solutions, l'autre sur les causes lointaines. Le plan dialectique est cependant, dans ce cas, plus difficile à mettre au point et l'expérience prouve que les élèves réussissent beaucoup mieux à organiser leur matière avec le plan problèmes-causes-solutions.

EXEMPLE DE PLAN
PROBLÈMES-CAUSES-SOLUTIONS

Sujet : La pollution est-elle selon vous l'une des fatalités du monde moderne ?

Introduction

Le cri d'alarme lancé par les écologistes du monde entier à propos des risques d'une intoxication irréversible du milieu naturel témoigne de l'urgence d'une lutte concertée contre la pollution. La démographie, l'économie politique, la technologie présentent tour à tour des solutions qui s'avèrent aussi inefficaces les unes que les autres. Au point qu'on en vient à se demander si cette *pollution* n'est pas l'une des fatalités du monde moderne.

Première partie : problèmes

Peut-être faut-il faire sa part à la mode dans la vogue de ce sujet de débat; on assiste à une véritable inflation du terme *pollution* (on va jusqu'à parler de pollution mentale). Cependant on ne peut nier un certain nombre de faits inquiétants.

A. Les symptômes

Rapide inventaire :
pollution de l'air (fumées industrielles; gaz d'échappement des automobiles et avions à réaction),
pollution de l'eau (pollution des rivières et des mers par les détergents, les déjections des usines de pâte à papier, le mazout, le dégazage des méthaniers, les naufrages de pétroliers et leurs conséquences, etc.),
pollution thermique (réchauffement des eaux par les centrales électriques, mort de la faune et mutation de la flore aquatique, etc.),
pollution acoustique (bruit des automobiles et des avions, appartements sonores, bruit dans les usines).
Ces problèmes commencent à se poser, bien qu'en termes différents, même dans les pays du Tiers Monde qui ne sont que peu industrialisés.

B. *Les catastrophes écologiques*

Au-delà d'un certain seuil se produisent des *catastrophes écologiques*.
Exemples :
La pollution de la baie de Minamata, au Japon, par les industries du littoral, a entraîné la mort ou l'infirmité à vie des pêcheurs qui se nourrissaient, et nourrissaient leurs enfants, du produit de leur pêche ; déversement de cyanure dans la Garonne entraînant la destruction de toute la faune sur un long parcours.

Pollution de toute une région d'Italie par un nuage de dioxine (Région de Seveso en 1976). En 1987, pollution nucléaire à Tchernobyl (U.R.S.S.).

Et menace de catastrophes encore plus graves : en particulier la pollution des océans à un point tel qu'ils ne pourront plus être la grande réserve nutritive qu'ils sont aujourd'hui. Des catastrophes imprévisibles peuvent se produire : récemment un physicien américain a signalé le risque d'une destruction de la couche d'ozone qui nous protège des rayons ultraviolets.

Deuxième partie : causes

● *L'exploitation aveugle des ressources naturelles.*
● *La recherche de profits sectoriels à court terme.*
● *L'insuffisance des sciences économiques* qui ne tiennent compte que d'un nombre très restreint de données (par exemple l'aberration que constitue la notion de PNB (Produit National Brut) tel qu'on l'envisage couramment).
● *Le manque de confrontation entre les différentes sciences* (économie, biologie, technologie, sociologie).
● *L'urbanisation accélérée.*
Certains ajoutent *la démographie :* pour eux l'accroissement rapide de la population par la pression qu'il exerce sur l'environnement est l'une des causes essentielles de la pollution. En fait le problème posé en ces termes doit être plus amplement analysé. (Cette analyse peut trouver place à l'intérieur du devoir et montrer que cela n'est pas vrai de la même façon pour toutes les populations.)

Troisième partie : solutions

— une véritable législation portant sur les activités polluantes :
Par exemple, on aurait pu éviter pour une grande part la pollution de la Méditerranée en harmonisant les différentes législations des pays du bassin. Cela est un problème de droit international.

Un exemple de réussite montre que le processus n'est pas irréversible : le lac d'Annecy était menacé de devenir un lac mort comme les grands lacs américains ; l'installation d'un égout faisant le tour du lac et quelques mesures de bon sens font que ce lac est aujourd'hui aussi propre et aussi poissonneux que par le passé.

— une réponse technologique adaptée :
● *Mise en œuvre effective de technologies douces* (énergie solaire, éolienne, géothermique, marémotrice).

Pour ce qui est de l'énergie solaire, le retard est en partie dû à des motifs économiques — c'est une énergie gratuite et inépuisable, mais qui, de ce fait, se prête peu à la spéculation — qui devront céder devant l'urgence vitale.

● *L'imposition de dispositifs antipolluants aux industries.*

— le choix d'une orientation nouvelle de la science économique :
Dans ses objectifs terminaux, la « qualité » doit tendre à se substituer à la quantité.

— le rôle important de l'éducation :
L'école devra enseigner dès l'enfance le respect de la nature.

Conclusion

La pollution n'est pas une fatalité du monde moderne. Elle est la conséquence d'une conception inadéquate de l'activité économique, ainsi que d'un cloisonnement trop étroit entre les différentes régions du savoir scientifique. Nécessité de faire intervenir un plus grand nombre de données lorsqu'on juge du niveau économique d'un pays. Nécessité de donner à ceux qui s'occupent de la *qualité de la vie* un pouvoir égal à celui des responsables du *rendement*.

Remarque : on est souvent amené à étudier ensemble les problèmes et leurs causes; se reporter par exemple à notre corrigé sur le sport, page 136.

A vous de jouer

Liste de sujets qui peuvent être traités en utilisant le plan pro blèmes-causes-solutions.

1. En quoi peut-on, selon vous, parler aujourd'hui, d'une crise de la littérature?
(mêmes sujets à propos de la *crise de la société*; de la *crise de l'école*).

2. « *Aujourd'hui, les Français sont alphabétisés à plus de 95 %. Cela signifie-t-il que cette masse impressionnante d'hommes et de femmes qui sont passés par l'école et* théoriquement *savent lire, consacrent effectivement une partie de leur temps à la lecture, fréquentent les bibliothèques, achètent et empruntent des livres? Autrement dit, la société française, l'une des plus civilisées, dit-on, est-elle une société de lecteurs ?* » demande Luc Décaunes dans un ouvrage sur la lecture. A cette question il faut évidemment répondre NON.
Faites part des réflexions que suscite en vous ce problème.

3. On a défini la pédagogie comme « *un bricolage laborieux pour empêcher les gosses d'apprendre* ».
Commentez cette réflexion en donnant au mot gosses un sens assez large.

4. Commentez l'application à la production et à la consommation culturelle de masse de cette analyse de Marx : « *La production crée le consommateur... La production produit non seulement un objet pour le sujet, mais aussi un sujet pour l'objet.* »

5. Commentez cette réflexion de Saint-Exupéry : « *Il semble qu'ils confondent but et moyen, ceux qui s'effraient par trop de nos progrès techniques. Quiconque lutte dans l'unique espoir de biens matériels, en effet ne récolte rien qui vaille de vivre. Mais la machine n'est pas un but, c'est un outil comme la charrue. Si nous croyons que la machine abîme l'homme, c'est que peut-être nous manquons un peu de recul pour juger les effets de transformations aussi rapides que celles que nous avons subies.* »

3. LE PLAN INVENTAIRE

C'est l'un des rares cas où la dissertation ne se présente pas comme la résolution d'un problème. Cependant subsistent un certain nombre d'exigences : la nécessité de prouver et la nécessité de ménager une *progression* dans le déroulement de la dissertation.

Soit par exemple le sujet suivant :

Quels plaisirs et quels profits pensez-vous qu'on puisse tirer de la lecture d'un bon roman ?

Vous appuierez votre réponse sur des exemples précis, empruntés le plus largement possible à votre expérience personnelle.

Remarques préliminaires sur ce sujet

1. Le sujet porte sur le *roman* et non sur la lecture en général. Si vous prenez comme exemple une pièce de théâtre ou un poème, vous êtes hors sujet.

Même si vous voulez faire allusion à une *nouvelle* — genre considéré comme faisant partie du genre romanesque — il faut au préalable montrer que vous connaissez la différence entre *nouvelle* et *roman,* et expliquer pourquoi vous vous autorisez ce léger écart.

D'une manière générale, soyez précis. Les mots du sujet ont été pesés soigneusement; si on vous dit la « lecture d'un *roman* », c'est pour vous obliger à circonscrire le sujet; ne pas respecter cette indication, c'est faire preuve d'un manque de rigueur.

2. Le sujet porte, non pas sur la lecture des romans en général, mais sur *la lecture d'un bon roman.* Il faudra donc à un certain moment du devoir préciser ce qu'on entend par *bon roman.*

3. Le libellé du sujet rappelle obligeamment aux candidats les exigences de la dissertation : *exemples précis, expérience personnelle.*

Même lorsque ces indications sont absentes du libellé, il faut les avoir présentes à l'esprit.

4. Nécessité de ménager une progression dans le plan inventaire.

Nous avons déjà insisté sur la nécessité de convaincre, et

d'enraciner le devoir dans une expérience personnelle; nous ne reviendrons pas sur ce point. Nous nous arrêterons par contre sur la nécessité d'une *progression* dans ce genre de plan.

Le défaut des devoirs construits en utilisant le plan inventaire est toujours le même; l'élève commence par ce qui est le plus intéressant; mais ayant rapidement épuisé ses munitions, il termine son devoir par du remplissage, ou par les arguments les plus faibles. Le lecteur « accroché » au début termine sa lecture déçu.

Il faut procéder d'une manière exactement inverse : commencer par les arguments les plus faibles pour terminer par les plus forts. Il faut qu'il y ait, dans la dissertation comme dans une pièce de théâtre, une « montée de l'intérêt ».

Application de ces remarques au sujet étudié

Pour éviter l'ennui suscité par toute énumération, il faut procéder à un *classement* de manière à ménager une progression.

1. Classement des arguments.

Le classement des arguments est pour ce sujet suggéré par le libellé, *quels plaisirs et quels profits...*, qui invite à construire deux parties :

A. Quels plaisirs...

B. Quels profits...

Chacune de ces parties contiendra un certain nombre d'arguments. Cet ordre sous-entend que le rôle *formateur* de la lecture est plus important que sa fonction de *distraction*.

Le candidat qui aurait voulu soutenir le paradoxe selon lequel c'est la fonction de distraction qui est la plus importante aurait eu intérêt à suivre l'ordre inverse.

2. Ordre des arguments à l'intérieur d'une partie.

Il faut ménager aussi une progression à l'intérieur de chacune des parties. Ainsi, dans la deuxième partie du corrigé ci-dessous, nous avons mis au début l'idée que la lecture d'un bon roman peut permettre d'améliorer la maîtrise de la langue. Dans la mesure où cela n'est pas vrai seulement pour le roman, mais pourrait s'appliquer aussi à la lecture des journaux, l'argument nous est apparu moins fort que les autres. Nous l'avons mis, de ce fait, en début de partie, de manière à ne pas terminer sur un temps faible.

Pour ce devoir le sujet lui-même suggérait un classement. Mais si cela n'avait pas été fait, c'est l'élève lui-même qui aurait dû trouver un principe de classement.

Le problème des lieux communs

Sur un tel sujet, il est souvent difficile d'éviter les lieux communs. Aussi, dans notre corrigé, n'avons-nous pas cherché à les fuir, mais plutôt à leur donner une couleur personnelle. Par exemple, il était banal, mais indispensable (1re partie, 3°) d'évoquer le plaisir esthétique procuré par une bonne lecture romanesque : nous l'avons fait en vous engageant à faire retour sur votre propre plaisir, et à l'analyser à l'aide de références romanesques qui vous tiennent à cœur.

Autre exemple, la mention, elle aussi banale mais quasi universelle, du perfectionnement linguistique et stylistique indissociable de la lecture de bons romans : il faut dépasser cette réflexion banale en montrant ce qui, dans la prose romanesque, est ou peut être une leçon de syntaxe et de style (différence d'avec la poésie, où la syntaxe n'est souvent plus celle de la langue usuelle, etc.). Donc, au fond du banal, l'original. Mais il faut creuser.

Remarques sur le corrigé

Le corrigé que nous proposons n'est qu'un canevas ; chacun doit évidemment illustrer les rubriques par des exemples personnels. Un bon devoir peut très bien ne pas comporter toutes ces rubriques ; l'essentiel est que chaque argument soit étayé par des références précises.

Si vous n'avez pas d'exemples pour une rubrique, il vaut mieux la supprimer purement et simplement.

Dernier conseil : quand vous avez un sujet sur le roman ou le théâtre, évitez de consacrer les trois quarts du devoir à raconter l'action.

EXEMPLE DE PLAN INVENTAIRE

> *Sujet : Quels plaisirs et quels profits pensez-vous qu'on puisse tirer de la lecture d'un bon roman?*

Introduction

La lecture n'a pas que des défenseurs. Rousseau lui reprochait d'apprendre à parler de ce qu'on ne connaît pas et Valéry Larbaud en parlait comme d'un « vice *impuni* ». Ce reproche a été en particulier fait au roman, longtemps considéré par les théologiens comme un genre pernicieux. Des romans comme *Don Quichotte* ou *Madame Bovary* ont même fait la satire des lecteurs de romans. On hésite pourtant à entériner ces condamnations qui portent plus sur une pratique immodérée de la lecture que sur la lecture elle-même et l'on est, au contraire, porté à se demander si la lecture — et en particulier la lecture de bons romans — n'est pas devenue un élément indispensable au bonheur et à la formation des hommes.

Première partie : les plaisirs de la lecture (d'un bon roman)

1. La possibilité d'une évasion.

La littérature d'évasion permet de quitter le monde réel souvent décevant pour le monde de l'illusion; tout en reconnaissant qu'il peut s'agir d'une démission, d'une manière de fuir ses responsabilités dans la lutte quotidienne, il faut bien admettre que ce besoin d'illusion, d'évasion, de *divertissement* constitue une aspiration fondamentale de l'homme.

— autres temps : passé avec le roman historique par exemple; futur avec la science-fiction.

— autres lieux : littérature exotique ou littérature étrangère (Cendrars; Hemingway);

— autres milieux : milieux très huppés pour rêver ou le contraire pour s'encanailler (romans sur la vie de cour, romans policiers sur le « milieu »);

— possibilité de se fuir soi-même : en s'identifiant à d'autres personnages : rêverie, défoulement. (Le cas-limite est celui du héros de roman policier, sorte de « superman » qui réunit en lui toutes les vertus auxquelles le lecteur aspire.)

2. La rencontre d'autres hommes.

Plaisir identique à celui qu'on éprouve à la rencontre de personnes sympathiques. Un personnage de roman comme Julien Sorel peut devenir plus réel que des êtres de chair et d'os, devenir un frère, un ami.

3. La rencontre de la beauté.

Plaisir esthétique : ravissement qu'on peut éprouver devant une belle page (pour nous, par exemple, *L'enregistreur,* courte nouvelle de Dino Buzzati dans *Les Nuits difficiles,* Livre de poche).

Ou devant la beauté d'un roman dans son ensemble (pour nous, par exemple, sentiment éprouvé à la lecture de la fin de *A la recherche du temps perdu* de Proust).

Si vous décidez de vous attarder sur cette partie, essayez d'analyser les effets sur vous de ce plaisir, et même de déterminer ce qui est spécifique de ce plaisir.

Deuxième partie : les profits de la lecture (d'un bon roman)

La grande règle des classiques était « *plaire et instruire* ». On s'accorde à considérer un roman comme un « *bon roman* » lorsqu'il s'agit d'une œuvre qui n'a pas seulement une fonction de divertissement, mais qui est en même temps une source d'enrichissement sur le plan intellectuel.

1. Permet de se perfectionner dans la maîtrise de la langue.

Cette partie n'est acceptable que si l'on dégage ce qu'a de spécifique l'écriture romanesque (voir plus haut la partie relative aux *lieux communs*).

2. Permet de mieux se connaître.

Les analyses psychologiques faites par l'auteur peuvent nous éclairer sur nous-mêmes. Le lecteur éprouve souvent de l'étonnement et une certaine satisfaction à voir exprimé en termes clairs ce qu'il a éprouvé confusément (essayez de retrouver et d'évoquer des moments où vous avez eu ce sentiment).

Mieux se connaître permet de mieux se comporter.

3. Meilleure connaissance des autres et du monde :

a. Connaissance d'autrui.

Les analyses psychologiques permettent de mieux comprendre ce qui se passe dans l'âme d'autrui, et par là de faciliter les rapports entre les hommes.

« ... *cette création d'un monde idéal grâce auquel les hommes vivants voient plus clair dans leur propre cœur et peuvent se témoigner les uns aux autres plus de compréhension et plus de pitié.* »
Mauriac. *Le romancier et ses personnages.*

b. Connaissance d'autres pays, d'autres milieux, d'autres problèmes.

Prise de conscience de la diversité des hommes, élargissement de l'expérience, remède à l'esprit de clocher; ou prise de conscience de certaines permanences sous la diversité apparente.

Si on insiste sur cette partie, on veillera à bien distinguer la littérature exotique de mauvais aloi dont Pierre Loti est le représentant le plus caractéristique, de la littérature exotique plus intéressante. Pierre Loti dans ses romans — par exemple, *Le roman d'un spahi* pour l'Afrique, ou *Madame Chrysanthème* pour le Japon — voit les peuples étrangers de l'extérieur, sans sympathie, et de ce fait ne les comprend pas. Cette littérature ne contribue en rien à la connaissance des autres peuples et à la compréhension entre les hommes; elle est au contraire un ferment de racisme.

Un exemple de bonne littérature exotique avec *Les Immémoriaux* de Victor Segalen, 10/18, ouvrage consacré à Tahiti.

Mais pour connaître d'autres peuples, le mieux est encore de se reporter aux ouvrages écrits par les personnes originaires de ces peuples. (Exemples : *Le monde s'effondre* de Chinua Achebe, Présence Africaine, pour l'Afrique, ou *La Grosse galette* de Dos Passos, pour les U.S.A.)

Conclusion

Comme tout remède pris à trop forte dose, la lecture des romans peut devenir un poison. Cela ne suffit pas pour la condamner. La lecture de bons romans peut nous permettre de mieux vivre dans la mesure où elle nous distrait; dans la mesure aussi où elle nous rend plus aptes à comprendre le monde qui nous entoure et à agir dans ce monde.

A vous de jouer

Liste de sujets qui peuvent être traités en utilisant le plan inventaire.

1. En vous appuyant sur des exemples précis, vous direz quelle part vous faites dans vos lectures à la littérature contemporaine, ce que vous préférez en elle, ce que vous lui demandez pour votre culture ou votre distraction.

2. « *Belle fonction à assurer, celle d'inquiéteur* », disait André Gide.

Quelles œuvres littéraires ont joué pour vous ce rôle d'éveil à l'inquiétude, en quelque domaine que ce soit?

3. Si vous aviez la possibilité de monter une pièce du répertoire classique ou contemporain, quelle pièce choisiriez-vous? Quels seraient les principes qui vous guideraient dans la mise en scène de ce spectacle?

4. Quels sont, selon vous, les écrivains qui ont le mieux parlé du monde paysan?

Vous expliquerez votre choix dans un devoir composé.

5. Pourquoi, selon vous, un écrivain écrit-il?

6. De nombreux écrivains ont parlé dans leurs œuvres de la solitude.

En confrontant votre expérience personnelle de la solitude avec ce qu'en ont dit les écrivains — ou si vous voulez, ces auteurs, car vous pouvez emprunter des exemples au cinéma et à la chanson — vous tenterez de distinguer et de classer les différentes significations du mot solitude. Vous mettrez en évidence les agréments, l'utilité, les dangers de la solitude*.

---

* S'il s'agit de faire l'« inventaire » des principaux sens, on peut remarquer qu'il s'agit aussi d'un plan suggéré par le sujet.

4. LE PLAN COMPARATIF

La réflexion naît, avec cette forme de plan, de la comparaison de faits ou de concepts différents.

Cette comparaison peut se faire de deux manières :
— chaque élément de la comparaison constitue une partie;
— l'opposition annoncée dès le début se poursuit jusqu'à la fin du devoir.

A. Chaque élément de la comparaison constitue une partie.
On se trouve donc en présence d'un plan en trois points :
1. Première partie : premier terme de la comparaison.
2. Deuxième partie : deuxième terme de la comparaison.
3. Réflexion issue de la confrontation des faits évoqués dans les deux parties précédentes.

C'est ainsi que procède par exemple François de Closets dans un chapitre de son livre *Le bonheur en plus* (Denoël/Gonthier. Collection Médiations).
1. *Première partie :* description de la mise au point d'un moteur de compétition : opération coûteuse et de pur prestige.
2. *Deuxième partie :* description des difficultés (absence de crédits, désintérêt des pouvoirs publics) pour mettre au point un moteur fonctionnant à l'énergie solaire qui, permettant de pomper l'eau des nappes phréatiques, aurait pu sauver des milliers de vies au Sahel.
3. *Troisième partie :* réflexion issue de la confrontation des faits décrits dans les deux parties précédentes : remise en question des options fondamentales de notre société.

B. L'opposition annoncée dès le début se poursuit tout au long du devoir.

La comparaison entre deux termes annoncée au début est poursuivie tout au long du développement. Les conséquences qui découlent de la comparaison sont tirées à la fin du développement.

Voici par exemple le plan d'un développement de Jean-Marie Domenach sur le problème de la violence, qui est tout entier construit sur l'opposition entre la violence ouverte et la violence cachée, et qui débouche sur une condamnation de la non-violence.

Paragraphe 1 : *Les deux violences :*

Opposition entre les deux violences et constatation que si on se met vite d'accord pour condamner la violence ouverte *(« celle du poing tendu et de la destruction militaire »)*, on néglige à tort la violence cachée, sournoise *(« celle qui se dissimule derrière l'habitude, l'ordre, la politique de salon, l'anonymat des bureaux »)*.

Paragraphe 2 : *Description contrastée des deux violences :*

L'auteur en même temps qu'il décrit ces deux formes de violence, la violence du désordre et celle de l'ordre, montre le lien qui existe entre elles *(« La première affirme ses buts, et d'une certaine manière engage ses responsabilités. La seconde s'avance masquée, sans le support reconnaissable de l'arme ou de l'uniforme : insinuée dans la loi, dans la parole ou dans la morale, elle accule ceux qu'elle opprime à paraître comme les véritables coupables de la violence, puisque c'est eux qui doivent y recourir ouvertement les premiers »)*.

Paragraphe 3 : *Coopération des deux violences :*

La violence ouverte n'est possible qu'avec la coopération de la violence cachée (exemple de l'ascension de Hitler : « *Ce fut d'abord la séduction de l'ordre et de la sécurité* »).

Paragraphe 4 : *Analyse d'en exemple :*

Il existe par exemple en Europe une violence cachée qui fait parfois « *regretter les mœurs brutales de naguère* ».

Paragraphe 5 : *Conséquence tirée de la comparaison : condamnation de la non-violence.*

La non-violence (refus de la violence ouverte) n'est pas une solution acceptable. (« *Mais érigée en règle de vie, en principe absolu, la non-violence aboutit à séparer les non-violents, elle les enferme dans ce destin illusoire qui consiste à échapper à tout destin, — fuite devant la réalité dans un monde isolé et impossible —. Le dilemme est sans faille : ou bien quitter les hommes, ou bien accepter son destin, et si l'on accepte son destin d'homme, il sera nécessairement violent, car dénoncer l'injustice sans la combattre, c'est se condamner à la position la plus hypocrite* ».)

A vous de jouer

Liste de sujets qui peuvent être traités en utilisant le plan comparatif.

1. Lecture et voyage. Deux modes de connaissance et de formation apparemment bien différents.

Essayez de déterminer l'agrément et le profit que vous pouvez en retirer.

2. Depuis Gutenberg existe une civilisation de l'écrit; mais depuis le début de ce siècle, est née une civilisation de l'image. Évaluez la part qui revient dans votre vie à l'une et à l'autre forme d'expression et, en vous appuyant sur des souvenirs précis d'expériences personnelles, essayez de déterminer leur importance respective dans votre formation (affective, esthétique, intellectuelle, morale, politique, etc., ces quelques indications ne constituant pas un plan).

3. Quelles différences séparent selon vous le travail du romancier de celui de l'historien?

4. Quelles différences séparent selon vous le travail du romancier de celui du poète?

5. Dans toutes les réalisations de l'esprit humain, on a coutume d'évoquer en les opposant le rôle du génie et celui du travail. En réfléchissant sur l'idée de création dans un contexte de votre choix (scientifique, artistique, littéraire, technologique), vous direz en vous fondant sur des exemples précis quelle part vous accordez en général à l'un et à l'autre.

6. Précisez l'opposition entre création et fabrication à partir d'exemples empruntés à différents domaines.

On trouvera pp. 71-72 la liste des sujets comparatifs les plus fréquemment proposés.

5. LE PLAN EXPLICATION-ILLUSTRATION D'UNE FORMULE ET COMMENTAIRE

Soit par exemple une formule souvent donnée aux examens comme celle-ci :

Être homme c'est être responsable (Saint-Exupéry).

Il est évident que l'on ne va pas construire un devoir en disant dans une première partie que l'auteur a raison et dans une seconde partie qu'il a tort.

Le devoir pourra être simplement une explication de plus en plus nuancée de la formule accompagnée d'exemples et de commentaires; on pourra ménager une progression en commençant par exemple par le problème de la responsabilité envers les autres et en passant ensuite à la responsabilité envers soi-même.

Actuellement, comme on le verra dans le sujet abordé ci-dessous, on évite de donner à commenter une formule dont le sens n'est clair que pour celui qui connaît le contexte dans lequel elle s'insère; ce qu'on peut appeler le sujet-énigme. La formule est en général accompagnée de son contexte ou de renseignements qui en éclairent le sens.

Mais le candidat conserve la possibilité d'expliciter la pensée qui lui est soumise, c'est-à-dire de la développer et de l'illustrer par des exemples.

Nous proposons à titre d'exemple un devoir qui nous semble excellent. Voici le plan suivi par cette élève :

A. Explication de la formule

1. Étude du premier aspect du problème : la responsabilité comme honte devant la misère.

2. Étude d'un autre aspect : la responsabilité comme fierté devant les victoires des hommes.

B. Commentaire de la formule

1. *Élargissement :* rattachement de ces éléments à un ensemble plus vaste : la conception du bonheur de Saint-Exupéry, bonheur indissociable de l'idée de solidarité.

2. *Appréciation servant de conclusion.*

Cette appréciation ne comprend que quelques lignes, le devoir a essentiellement consisté à expliquer la réflexion proposée.

EXEMPLE DE DEVOIR SE PRÉSENTANT COMME L'EXPLICATION D'UNE FORMULE

Sujet : Être homme c'est précisément être responsable. C'est connaître la honte devant une misère qui ne semblait pas dépendre de soi. C'est être fier d'une victoire que les camarades ont remportée. C'est sentir en posant sa pierre que l'on contribue à bâtir le monde.

Vous étudierez avec soin cette définition de la responsabilité en indiquant dans quelle mesure elle rejoint votre expérience personnelle.

Devoir d'élève

L'idée de responsabilité implique ordinairement la simple conscience de nos actes, de leur sens, de leur portée; c'est une valeur individuelle. Mais Saint-Exupéry élargit considérablement ce sens : être homme n'est-ce pas aussi prendre conscience des souffrances et des progrès de l'humanité tout entière, humanité dont chacun de nous est partie intégrante et où il a sa place et son rôle à tenir?

La définition que donne Saint-Exupéry de la responsabilité semble à première vue paradoxale. « *Connaître la honte devant une misère qui ne semblait pas dépendre de soi* », n'est-ce pas se vouloir à toute force responsable là où l'on est impuissant, là où l'on n'est pas intervenu, où rien de soi-même n'est engagé?

Mais pour l'auteur cette impuissance n'est qu'apparente; peut-être n'est-elle qu'une excuse que l'on se donne. C'est si facile de se débarrasser ainsi d'une préoccupation gênante. Que de fois n'entend-on pas cette petite phrase combien désinvolte : « *Que voulez-vous, nous n'y pouvons rien* », en conclusion d'un commentaire sur une nouvelle affligeante.

Vercors dans une nouvelle intitulée *Désespoir est mort* proteste justement contre cette indifférence à la souffrance des autres : une catastrophe ne nous touche vraiment que si elle est proche de notre univers familier; il suffit, pense-t-il, qu'une mer nous sépare du lieu de cette catastrophe pour qu'elle nous devienne étrangère et que nous ne prêtions plus à la voix qui l'annonce qu'une oreille vaguement compatissante.

Ce que demande Saint-Exupéry, ce n'est pas seulement une pitié, même attendrie ; il ne suffit pas d'être ému devant la misère des autres ; pour lui il faut communiquer avec ceux qui souffrent et même *connaître la honte :* honte de se sentir heureux lorsque d'autres souffrent, honte de n'éprouver qu'un intérêt toujours passager au récit du malheur d'un ami, honte de continuer à rire, à vivre, lorsque d'autres pleurent et agonisent.

Déjà Vigny, après avoir traversé une crise morale où il avait renié l'une des consolations chères au romantisme (foi en une divinité toujours présente, culte d'une nature bienveillante) éprouvait ce besoin de participer à tous les maux : « *J'aime la majesté des souffrances humaines.* » Mais Saint-Exupéry demande plus encore : peut-être est-ce, par exemple, en rentrant chez soi, sûr d'y trouver une table bien servie et en passant devant une affiche de la campagne contre la faim dans le monde, que nous comprenons que « *être homme c'est précisément être responsable* ».

Saint-Exupéry ne se contente pas de ce côté douloureux de la responsabilité humaine, il aborde aussi le thème opposé : si nous avons part aux souffrances de nos semblables, nous avons part aussi à leurs joies, à leurs « *victoires* ». Nous pouvons aussi connaître une fierté naturelle, lorsqu'un homme, peu importe lequel, a réussi à aller au-delà des limites humaines, à élargir le champ de nos possibilités.

Cette fierté d'*une victoire que les camarades ont remportée* implique la négation de l'orgueil personnel, de la jalousie mesquine, de l'envie, du dépit de voir un autre réussir mieux qu'on ne l'aurait fait ; ce n'est plus le triomphe de l'esprit de compétition, de la concurrence, c'est au contraire le plein épanouissement de l'esprit d'équipe. Elle comprend la joie du mécano qui par son travail obscur a permis au pilote de battre un record, celle de la laborantine, qui, inconnue, n'en a pas moins conscience d'avoir peut-être contribué à une découverte, même si cette découverte n'a pas été faite dans son propre laboratoire.

Il peut y avoir fierté même si c'est l'équipe adverse qui l'emporte, même si c'est un autre pays qui réussit là où le nôtre a échoué. Pour Saint-Exupéry, être frères ce n'est pas seulement se regarder les uns les autres mais regarder tous ensemble dans la même direction.

Ainsi donc chacun participe au progrès de l'humanité tout entière; il y a contribution de chacun à l'œuvre collective. Mais Saint-Exupéry n'entend pas parler seulement de ceux qui remportent des victoires notoires. Il englobe aussi, comme il l'explique dans *Citadelle,* l'artisan, l'humble cordonnier qui fabrique des babouches brodées d'or et qui y met toute son ardeur. Il y a contribution même si la pierre apportée à l'édifice n'a que la dimension d'un caillou.

L'auteur de *Terre des hommes* retrouve là une conception du bonheur, non plus comme le concevait Montaigne par exemple, fondé sur le resserrement, l'individualisme méfiant : « *On se prête aux autres. On ne se donne qu'à soimême.* » C'est un bonheur plus vaste, à la mesure du vingtième siècle où l'homme doit lutter contre l'isolement au sein d'une société qui semble parfois, par sa mécanisation, l'écraser. L'homme n'a plus seulement des devoirs envers soi-même, il en a avant tout envers les autres.

C'est peut-être ce sens d'une vaste et profonde fraternité qui constitue la seule arme contre le déracinement, contre la solitude : c'est peut-être lui qui fait défaut à René de Chateaubriand, à l' « étranger » de Camus, à Joseph K. de Kafka. C'est une lumineuse contradiction au mot de Sartre : « L'enfer c'est les autres. »

Ce que veut Saint-Exupéry, c'est une vaste solidarité à l'échelle du monde, c'est une union profonde qui permette à chaque homme de se sentir inclus dans un vaste ensemble où il n'est plus seul, c'est une parenté humaine par-delà les classes sociales, les races, les haines de toutes sortes.

A une époque où toutes les valeurs traditionnelles sont remises en question, où les jeunes en particulier se sentent pris par l'angoisse devant un monde menaçant, où ils cherchent à satisfaire un enthousiasme parfois démesuré, ce lien qui unit selon Saint-Exupéry tous les hommes dignes de ce nom, cette conception de la responsabilité de chacun devant tous apporte une certitude, un espoir fervent dans un avenir plus heureux pour l'homme.

Annie PLET.

(Texte reproduit avec l'autorisation de l'auteur et l'autorisation du *Figaro littéraire*, journal dans lequel le texte de cette copie avait été publié.)

Remarques sur ce devoir

1. Il s'agit d'un devoir fait au Bac. L'élève a obtenu la note 18/20 avec les appréciations suivantes : *Le sujet est bien compris et traité avec netteté. Des idées justes et personnelles. Style ferme et aisé.*

2. On notera l'abondance des exemples empruntés à la vie et à la littérature et le lien étroit entre ces exemples et la pensée qu'ils viennent illustrer.

3. Outre un plan très net, auquel nous avons fait allusion plus haut, on notera la progression à l'intérieur des différentes parties.

Pour la première partie, par exemple, l'explication se fait de plus en plus précise.

— *Ce que demande Saint-Exupéry, ce n'est pas seulement une pitié, même attendrie* ...|...

— *Mais Saint-Exupéry demande plus encore* ...|...

Essayez de dégager les phases de la progression dans les deux autres parties.

4. Si l'on examine le développement de cette candidate, on constate que les deux grandes parties du devoir correspondent à deux directions indiquées par le sujet : honte devant la misère d'autrui et fierté devant les victoires des hommes. Il arrive que de cette manière le libellé du sujet contienne une suggestion de plan (une suggestion et non une contrainte). Nous examinerons ce cas dans la partie suivante.

A vous de jouer

Liste de sujets qui peuvent être traités en utilisant le plan « expli-cation-illustration d'une formule et commentaire.

1. Giraudoux écrit dans son *Discours sur le théâtre* : « *Le spectacle est la seule forme d'éducation morale ou artistique d'une nation.* »

Vous commenterez cette affirmation en illustrant votre argumentation d'exemples précis, pris dans le théâtre soit classique, soit moderne, français ou étranger.

2. Parlant du métier de romancier, un auteur contemporain écrit :

« *Les personnages fictifs ou réels nous aident à mieux nous connaître et à prendre conscience de nous-même. Et c'est sans doute notre raison d'être, c'est ce qui légitime notre absurde et étrange métier que cette création d'un monde irréel grâce auquel les hommes voient plus clair dans leur propre cœur et peuvent se témoigner les uns aux autres plus de compréhension et plus de pitié.* »

3. Commentez ce proverbe :

« *Pour amener un cheval à l'abreuvoir un enfant suffit ; mais vingt hommes ne peuvent le forcer à boire.* »

4. Commentez, en dégageant nettement les problèmes qu'elle pose, cette réflexion d'un magnat de la presse à grand tirage :

« *Les articles d'un journal sont un bon moyen de séparer les pla-cards publicitaires.* »

5. Expliquez et discutez cette formule de Lévi-Strauss :

« *Le barbare, c'est d'abord celui qui croit à la barbarie.* »

6. Expliquez et commentez ces propos d'un journaliste contemporain :

« *Laissée à elle-même, toute opinion est portée au racisme dès lors que la présence de l'étranger dépasse un certain seuil. Et l'étranger peut fort bien être français, car c'est tout simplement l'« autre ». Le racisme ne consiste pas à reconnaître que les peuples comme les hommes sont diffé-rents ; il commence au moment où au fond de soi-même on refuse cette différence.* »

6. LE PLAN SUGGÉRÉ PAR LE SUJET

Le plan est parfois suggéré, et dans certains cas imposé par le sujet. Voici, par exemple, un sujet qui demande une réaction personnelle mais qui en même temps impose pratiquement un plan.

Sujet : *Si vous aviez à incarner, à l'écran ou sur scène, un personnage de la littérature, lequel choisiriez-vous ? Pourquoi ? Comment le joueriez-vous ?*

Après avoir rapidement annoncé le personnage sur lequel a porté son choix, le candidat se verra presque obligatoirement amené à organiser son travail en deux parties : POURQUOI ce personnage ? COMMENT serait-il interprété ?

Ces indications ne constituent pas une gêne; l'ordre suggéré correspond aux exigences du bon sens. Si la solution la plus simple est celle qui consiste à faire deux parties, l'une sur le POURQUOI, l'autre sur le COMMENT, il serait possible d'opter pour un plan plus compliqué dans lequel le *pourquoi* et le *comment* seraient étudiés ensemble.

Un autre exemple peut être fourni par le sujet sur la lecture abordé plus haut.

Sujet : *Quels plaisirs et quels profits pensez-vous qu'on puisse tirer de la lecture d'un bon roman ?*

Ce sujet, d'une manière assez ferme, invitait le candidat à construire une partie sur les PLAISIRS de la lecture et une autre sur les PROFITS qu'on peut en tirer.

Le candidat restait par contre libre en ce qui concerne l'ordre entre ces deux parties.

On verra aussi dans le devoir sur la réflexion de Saint-Exupéry, « *Être homme c'est être responsable* », traité dans les pages précédentes, comment la candidate s'est inspirée des deux directions contenues dans la formule à commenter pour organiser son plan.

A vous de jouer

Liste de sujets correspondant au plan suggéré par le sujet.

1. « *Les lettres nourrissent l'âme, la rectifient, la consolent.* »
Expliquez cette maxime de Voltaire. Peut-on la discuter ?
Dans quelle mesure votre approche des œuvres littéraires
vous permet-elle de vérifier cette triple vocation des lettres ?

2. Dans la lecture des œuvres littéraires (roman, théâtre,
poésie, etc.), certains lecteurs souhaitent surtout rencontrer,
à travers l'auteur et ses personnages, certains types
d'hommes, et même l'Homme idéal. D'autres cherchent
plutôt certains tableaux de la société, ou même une vision
de la Société idéale.

A l'aide d'exemples tirés de vos lectures, vous expliquerez
en détail ce que recherche chacune de ces deux catégories de
lecteurs, et comment les œuvres littéraires peuvent leur
donner satisfaction.

Vous vous demanderez ensuite si ces deux sortes d'exigences s'opposent irrémédiablement ou si elles peuvent se
concilier, et comment.

3. Montesquieu écrit : « *Aujourd'hui nous recevons trois éduca-
tions différentes ou contraires : celle de nos pères, celle de nos maîtres,
celle du monde. Ce qu'on nous dit dans la dernière renverse les idées
des premières.* »
Expliquez cette affirmation à partir d'exemples précis.
Vous essaierez ensuite de voir si cette formule s'applique
à notre époque et les conséquences qu'on pourrait tirer de
ces faits.

4. Notre époque connaît une transformation rapide de nos
villes, le pavillon individuel cède la place à de grands
immeubles. Pour quelles raisons, selon vous, ce mode d'ha-
bitat est-il devenu si vite prédominant ? Essayez de dégager
les avantages et les inconvénients que présente le logement
collectif en exposant les améliorations éventuelles que vous
souhaiteriez lui voir apporter.

Le plan sur un sujet d'ordre définitionnel

Rarement donnés au niveau du BAC, les sujets d'ordre définitionnel (par exemple : « *Qu'est-ce qu'un roman ?* » Clermont-Ferrand, 1972) laissent une assez grande liberté de réponse, mais ne doivent pas donner lieu à une succession d'éléments de définition.

S'il est bien entendu nécessaire d'apporter une réponse à la question, il ne faut cependant pas le faire d'emblée et sans une argumentation préalable : on devra se souvenir que même dans ce cas, la dissertation reste un essai pour circonscrire et résoudre un problème.

La question posée — prenons ici l'exemple de « *Qu'est-ce qu'un roman ?* » — devra en susciter immédiatement une autre :

— « Quel(s) problème(s) pose la définition du roman comme genre littéraire ? »

ou

— « Quelles tendances, quelles écoles s'affrontent autour de la définition du genre ? »

ou encore

— « Est-il possible, étant donné le mouvement d'incessante transformation des règles du genre depuis le XVIIᵉ siècle, d'en fournir une définition fixe et normative ? »

Ces trois questions renvoient aux différentes sortes de plans étudiées dans les pages précédentes.

Le sujet « *Qu'est-ce qu'un beau vers ?* » a été donné il y a quelques années au concours d'entrée à l'École Normale Supérieure. On trouvera dans l'ouvrage de Chassang et Senninger cité page 73 un corrigé sur le sujet : « *Qu'est-ce qu'un événement littéraire ?* »

A titre d'exercice on pourra essayer d'établir un plan sur le sujet : « *Qu'est-ce que « jouer » au théâtre ?* »

Conclusion sur les différentes formes de plan

Cette liste des possibilités de plan n'est pas exhaustive.

Ces différentes possibilités peuvent se combiner : le sujet sur la publicité qui se rapproche du plan explication-illustration d'une formule et commentaire se rapproche aussi du plan dialectique et du plan problèmes-causes-solutions. Par ailleurs des modifications peuvent intervenir à l'intérieur des types de plan proposés : par exemple dans le plan problèmes-causes-solutions on est souvent amené à étudier ensemble les problèmes et leurs causes.

Les possibilités sont donc nombreuses.

A la limite — rien ne s'y oppose dans les Instructions — le devoir pourrait prendre la forme d'une nouvelle ou d'une lettre ouverte à l'auteur de la phrase commentée.

Rien ne s'oppose non plus à ce que le devoir prenne la forme d'un dialogue; cependant, sous des apparences faciles, le dialogue est un genre ardu. Il doit comporter des définitions, des distinctions, une argumentation serrée de part et d'autre, une progression. Un dialogue comme ceux que vous avez pu faire en troisième n'est pas accepté au niveau du Bac.

Nous nous souvenons aussi d'un ouvrage qui admettait la possibilité de la « dissertation-promenade » qui, d'une manière détendue, suivait un itinéraire précis dans le domaine à traiter et passait en revue les points essentiels. Ce n'est cependant pas sans appréhension que nous évoquons cette possibilité, tant nous éprouvons la crainte qu'elle soit la porte ouverte à tous les vagabondages.

Si les schémas classiques gardent leur valeur d'apprentissage et sont dans certains cas les plus efficaces, les possibilités de plan sont toutefois multiples; l'essentiel est que les matériaux soient organisés pour rendre plus claire la pensée, plus convaincante l'argumentation et plus agréable la lecture.

UNE DISSERTATION EST UNE CONSTRUCTION; CE N'EST PAS UNE COLLECTION DE REMARQUES PRÉSENTÉES EN VRAC.

E. La conclusion

Victor Hugo écrivait un jour : *J'y vais, j'y vais, je ne sais pas où, mais j'y vais !* La dissertation c'est exactement le contraire. Dès le départ vous devez savoir quel sera votre point d'arrivée; et le lecteur devra avoir l'impression au terme de la lecture qu'il a été emmené par un guide sûr de son affaire vers un point de vue particulièrement intéressant.

Malheureusement la lecture des dissertations donne trop souvent une impression fort différente; on a l'impression d'être emmené par un guide qui connaît mal le pays et n'a même pas pris la peine d'établir à l'avance son itinéraire; et ce guide après bien des errances fausse brusquement compagnie aux voyageurs dont il avait la charge, les plantant là au plus profond de la forêt.

Tout cela pour dire, d'une manière sans doute un peu trop métaphorique, qu'une dissertation doit avoir une conclusion.

Cette conclusion est le terme de votre démonstration. Elle doit être étroitement liée du point de vue logique à ce qui précède. Elle constitue le bilan.

Elle est indispensable.

Non pas seulement parce que la dernière impression, celle sur laquelle on laisse le lecteur, compte beaucoup; les correcteurs en effet, avant de mettre la note, reviennent souvent en arrière pour avoir une impression d'ensemble; mais elle permet d'apprécier deux qualités fondamentales dans ce genre d'exercice : la rigueur logique et l'esprit de synthèse.

La *rigueur logique* se manifestera par la manière dont vous aurez su faire de votre conclusion le terme inéluctable de la démonstration. On doit avoir le sentiment d'un rapport de nécessité entre le reste du devoir et la conclusion. Elle n'est pas seulement une fin mais un résultat, un aboutissement, un point d'arrivée.

L'*esprit de synthèse* apparaîtra dans la manière dont vous saurez trouver des formules ramassées pour faire le bilan sans répéter le développement. Résumer trois pages en trois lignes, demande de savoir distinguer l'accessoire de l'essentiel et d'avoir le sens de la formule. Autant de choses qui sont nécessaires lorsque l'on veut convaincre.

L'élargissement

Il peut être intéressant à la suite du bilan de procéder à un
« élargissement » du problème, c'est-à-dire d'insérer le problème dans une perspective plus vaste, ou de le rattacher
à un autre problème plus général. De ce fait la conclusion
correspond souvent au schéma suivant :

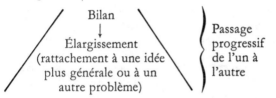

L'élargissement a pour intérêt de montrer que l'on a compris
que le problème posé s'insérait dans un ensemble plus
vaste ; mais cette partie de la conclusion ne doit être présente
que si l'on en sent la nécessité. Plaquer artificiellement une
idée générale à la suite du bilan est sans intérêt ; il vaut mieux
dans ce cas s'abstenir et se contenter d'un bilan vigoureux.

De la même manière il faut éviter de considérer comme
une obligation de terminer sur un point d'interrogation.

ARRIVANT AU TERME D'UNE DÉMONSTRA-
TION, LA CONCLUSION FAIT LE POINT AVEC
CONCISION ET VIGUEUR.
ACCESSOIREMENT ELLE PEUT SITUER LE
BILAN DANS UNE PERSPECTIVE PLUS GÉNÉ-
RALE.

On s'efforcera d'éviter

— *L'absence de conclusion.*
L'effet est désastreux sur le lecteur qui, comme nous l'avons
dit, a l'impression d'être abandonné en chemin.
— *La conclusion artificielle.*
C'est la conclusion qui peut être brillamment formulée mais
qui n'apparaît pas comme une conséquence nécessaire du
développement.

Cela se produit en particulier lorsqu'on place en fin de
devoir une conclusion toute prête, gardée en mémoire, ou

lorsqu'on veut absolument placer la belle citation qu'on tenait en réserve.

— *La conclusion banale.*

Il y a des devoirs très prometteurs qui se terminent sur une platitude, d'où évidemment la déception du lecteur. Évitez ces devoirs qui font penser à la fable de La Fontaine sur la montagne qui accouche d'une souris.

— *La conclusion qui reprend le développement.*

Lorsqu'on lit certaines conclusions, on a l'impression de lire la dissertation pour la seconde fois ; l'impression est fâcheuse, car il n'est jamais bon de donner l'impression qu'on radote. On ne doit pas trouver dans la conclusion des phrases entières du développement ; c'est la concision qui donnera de la vigueur à votre conclusion.

— *La conclusion « en catastrophe ».*

L'élève n'a plus le temps de composer une conclusion. Il termine son devoir par un paragraphe qui, du fait de la fatigue et de la précipitation, est un tissu d'incohérences.

N'attendez donc pas les dernières minutes pour penser à votre conclusion. Après l'établissement du plan détaillé et une relecture réfléchie de l'ensemble, notez clairement les principaux éléments de votre conclusion sur une feuille séparée. Ne l'écrivez pas d'avance. On se trouverait dans ce cas devant un morceau artificiellement soudé à l'ensemble, au mépris de la nature essentiellement progressive de l'acte qui consiste à réfléchir en écrivant. Seule la charpente logique de votre conclusion doit donc être mise en place après le plan détaillé. La rédaction proprement dite ne se fera qu'après celle du développement.

— *La conclusion partielle.*

Lorsque l'esprit est encore occupé par la dernière partie du développement, une tendance naturelle est de rédiger la conclusion sur la même lancée, en perdant le souvenir des parties précédentes. Or votre conclusion n'est pas appelée à spécifier telle ou telle conclusion partielle du développement — la plupart du temps celle du paragraphe qui la précède —, mais doit servir de *conclusion générale* à l'ensemble du devoir, et porter sur l'ensemble du problème traité.

Ne négligez pas la conclusion. C'est un élément fondamental de votre devoir ; la dissertation pourrait presque se définir comme *l'art d'aboutir à une conclusion.*

● *Exemple de conclusion*

Sujet : Commentez sous la forme d'un devoir composé cette réflexion faite, il y a une soixantaine d'années, par Léon Bloy : « *Je crois fermement que le sport est le plus sûr moyen de produire une génération de crétins malfaisants*.* »

> Nous voyons donc que si la prédiction pessimiste de Léon Bloy a été en partie confirmée par les faits, ce que Dumazedier résumait en disant : « *En cinquante ans toutes les idées de Coubertin ont été trahies* », cela ne doit pas entraîner une condamnation sans appel du sport, mais au contraire inciter à prendre les mesures qui éviteront la dépravation d'un idéal au départ très noble. Il faut en tout cas éviter de transformer les sportifs en boucs émissaires de tous les péchés du corps social. Le malaise qui règne dans le monde du sport ne fait que refléter le malaise de la société tout entière, une société écartelée entre l'éloge de la concurrence et l'aspiration à la fraternité.

* On trouvera pp. 132-140 le corrigé rédigé relatif à ce sujet.

F. Le problème des transitions

Il y a des écrivains comme Montesquieu ou Stendhal qui sautent les idées intermédiaires et font confiance au lecteur; celui-ci est supposé être assez intelligent pour ne pas perdre le fil du raisonnement.

Il vaut mieux dans vos dissertations ne pas procéder ainsi et supposer que le correcteur qui lira votre devoir est un esprit un peu lourd; vous éviterez donc de passer brusquement d'une idée à une autre, vous accorderez un soin particulier aux *transitions*.

Il y a un certain nombre de termes et d'expressions qui servent à passer d'une idée à une autre :

A. Expression d'une continuité logique entre deux propositions :

— *pour marquer l'identité, l'équivalence :*
c'est-à-dire *
ce qui revient à dire (que)
soit
en d'autres termes
en un mot
en bref
en résumé
de la même façon
d'une manière approchante
de même que... de même
ainsi
ainsi que
comme

— *pour marquer le but :*
pour cela
afin de
dans ce but
dans cette optique
dans cette perspective
à cette fin

---

* Certains textes théoriques ou techniques emploient l'abréviation i.e., du latin *id est : c'est-à-dire*, mais il vaut mieux éviter cette expression dans vos devoirs.

en vue de
— *pour marquer la cause :*
à cause de
par le fait que *(+ indicatif)*
ceci fait que
par le fait de *(+ substantif)*
du fait que *(+ indicatif)*
du fait de *(+ substantif)*
de ce fait
— *pour marquer la conséquence :*
donc *(à employer avec mesure)*
de là
d'où
par conséquent
en conséquence
par voie de conséquence
aussi *(+ inversion entre verbe et sujet)*
— *pour marquer la simultanéité ou l'implication logique :*
en même temps
corrélativement
par là même
compte tenu de ce fait
— *pour marquer une idée de mesure et de proportion*
en tant que
d'autant que
d'autant plus que
pour autant que *(avec indicatif ou subjonctif, nuance conces-sive le plus souvent).*
B. Expression d'une divergence logique entre deux pro-positions :
— *pour marquer une concession :*
bien que *(+ subjonctif)*
en dépit du fait que *(+ indicatif)*
en dépit de *(+ substantif)*
malgré *(+ substantif : éviter « malgré que »)*
quoique *(+subjonctif)*
quoi qu'il en soit
en tout état de cause
de toute manière
— *pour marquer une restriction :*
du moins *(+ inversion entre verbe et sujet)*

au moins *(+ inversion entre verbe et sujet)*
tout au moins *(+ inversion entre verbe et sujet)*
encore *(+ inversion entre verbe et sujet)*
encore moins *(+ inversion entre verbe et sujet)*
seulement
— *pour marquer une surenchère :*
non seulement... mais encore
non seulement... mais aussi
— *pour marquer un choix :*
soit... soit
ou bien... ou bien
— *pour marquer une opposition :*
mais
par contre
au contraire
à l'inverse
en revanche
néanmoins
toutefois
(et) pourtant
cependant.

Cette liste n'est pas exhaustive.

On évitera deux défauts :

1. *Celui qui consiste à employer ces « opérateurs logiques » sans qu'existe la relation logique correspondante ;* nous avons vu, par exemple, comment les élèves introduisent souvent la citation à commenter par le mot AINSI, qui suppose une relation étroite avec ce qui précède, alors qu'il n'y a pas, en fait, de véritable relation logique entre les éléments unis par ce mot.

2. *Celui qui consiste à faire un emploi excessif de ces opérateurs ;* dans un contexte où l'évidence de la relation logique est par elle-même transparente, la suppression du terme de relation évite une redondance inutile et permet d'alléger le style.

Si le problème des transitions reste, quoi que l'on ait pu faire pour le réduire, un embarras majeur pour la plupart des candidats, c'est qu'il est à la charnière des problèmes de fond — la rigueur logique de la démonstration — et des problèmes de forme — le souci de présenter un discours à la fois accessible et élégant.

La transition entre les parties dans le plan dialectique

● *Vous venez d'achever l'introduction,* dans laquelle vous avez situé et analysé le sujet et formulé un problème que votre dissertation a pour but de résoudre. Votre intention est de traiter ce problème dans un certain ordre; l'annonce si possible discrète de cet ordre constituera par exemple la transition entre votre introduction et votre développement.

Si vous décidez de ne pas annoncer les directions suivies, il suffira que l'introduction se termine sur une question explicite; la première partie étant une réponse partielle à cette question, il n'est pas nécessaire de recourir à un artifice supplémentaire de transition.

● *Vous venez d'achever la première partie de votre développement,* la THÈSE, et vous avez l'intention de changer de perspective sans que cela paraisse inattendu ou artificiel.

La transition a donc pour fonction, ici, de lier entre elles des parties de l'analyse qui divergent dans leur objet, leur point de vue, leur orientation générale et leur conclusion : dans ce cas elle doit avoir une réelle valeur d'opposition et signaler clairement le changement de perspective.

Si l'opposition doit être nette, il ne doit pas cependant en résulter une brusque rupture avec ce qui a été dit auparavant. La transition rendra plus convaincante votre logique en lui ôtant son schématisme parfois excessif, et en liant les perspectives de son développement.

Voici quelques exemples — parmi beaucoup d'autres — de transition oppositive :

« *Mais notre approche du problème resterait incomplète si nous négligions d'examiner maintenant un autre de ses aspects essentiels ...|... »*

ou

« *Privilégions à présent tel autre aspect du problème : dès lors l'affirmation selon laquelle ...|... doit être nuancée.* »

● *Vous voulez passer de l'antithèse à la synthèse ou de l'antithèse à la conclusion.*

La transition ne sera pas, dans ce cas, de type oppositif, puisqu'elle amorce une réunification des perspectives ou un dépassement des contradictions apparentes.

On pourra utiliser des formules proches de celles-ci :

« *Aussi bien devons-nous reconnaître que l'opposition de ces points de vue n'est pas irréductible...|...* »

ou

« *La contradiction entre la volonté de ...|... et celle de ...|... n'est cependant qu'apparente*; *...|...* »

S'il faut éviter de passer brusquement d'une idée à une autre, il faut aussi éviter d'effectuer ce passage d'une manière trop pesante. On évitera donc les transitions dans le genre de celle-ci : « *Ayant montré dans la thèse que ...|... nous allons maintenant aborder l'antithèse et montrer que ...|...* »

Conclusion

Nous sommes loin d'avoir épuisé la question; nous pensons avoir cependant suffisamment insisté pour que vous soyez maintenant attentifs à ce problème, et que vous ayez toujours à l'esprit cette idée qu'un enchaînement qui est évident pour vous ne l'est pas toujours pour le lecteur.

Travail possible

Étudiez des textes d'idées en concentrant votre attention sur les transitions; procédez au démontage du texte en soulignant les « opérateurs logiques » et en ajoutant, le cas échéant, les « opérateurs » omis pour des raison de style. Faites ce travail sur des articles de fond extraits d'un journal.

Que faire devant [2] un sujet ?

A. Organisation du travail

● *Le problème du temps*

Une des difficultés majeures de l'examen est de travailler en temps limité.

Les candidats inscrits dans des établissements scolaires font normalement cinq ou six devoirs dans les conditions de l'examen au cours de l'année, et ils sont en général aguerris.

Les candidats libres devront s'entraîner dans *les conditions de l'examen ;* il devront traiter au cours de l'année trois ou quatre sujets dans un temps limité et sans documents.

Nous avons dit qu'il était important que votre réponse ait un caractère personnel, et qu'il fallait éviter de réciter une question de cours. Vous disposez cependant de très peu de temps et il est difficile en trois ou quatre heures de faire entièrement œuvre originale. Il s'agit de *trouver,* mais plus encore de *retrouver.*

Au cours de l'année scolaire, rassemblez la documentation nécessaire et mettez au point des plans se rapportant aux grands thèmes fréquemment abordés. Vous ne reprendrez pas, évidemment, ces plans tels quels le jour de l'examen ; il faut tenir scrupuleusement compte des exigences du sujet. Mais ils vous permettront de trouver et d'organiser plus rapidement vos matériaux.

Pour apprendre à travailler vite, entraînez-vous à mettre au point en un quart d'heure ou une demi-heure des plans sur les principales questions.

● *Le choix du sujet*

Il faut se décider assez rapidement.

Il ne faut pas revenir sur un premier choix après deux heures de travail.

Lorsque vous n'avez pas le choix, ne vous désespérez pas si à première vue le sujet vous paraît hors de portée. « Accrochez-vous. » Restez si cela est nécessaire une heure sans écrire en vous concentrant sur le sujet. Les idées viendront.

● *Étude approfondie du sujet*

Lisez le sujet tranquillement plusieurs fois. Essayez de cerner le problème et de l'énoncer avec vos propres mots.

Soyez très prudents si le sujet semble correspondre à un sujet traité au cours de l'année. Vous avez souvent dans ces cas tendance à vous emballer et à passer à côté du sujet réel. Notre expérience de correcteurs nous a montré que les candidats sont paradoxalement désavantagés lorsqu'un sujet voisin du sujet de l'examen a été traité pendant l'année. Portés par la joie d'être en terrain connu, ils en oublient trop souvent d'examiner attentivement le sujet proposé.

Entourez les mots clés du sujet mais évitez de tout souligner comme le font certains candidats. Utilisez un crayon de manière à pouvoir revenir sur une décision.

Pensez aussi à bien délimiter le problème. Vérifiez si le sujet ne contient pas de restrictions; s'agit-il d'un sujet sur le *théâtre* : il y aura donc lieu d'exclure tout exemple emprunté à un autre genre littéraire. S'agit-il d'un sujet sur le roman du XIXᵉ siècle : il faudra veiller à ne pas s'égarer hors de cette période lorsqu'on choisira ses exemples.

Une fois le sujet compris et délimité, il faut procéder à la recherche des idées.

● *La recherche des idées*

Notez sur une feuille toutes les idées qui vous viennent à l'esprit, toutes les idées suggérées par le sujet, ainsi que les exemples, et les illustrations littéraires (noms d'auteurs, d'œuvres, éventuellement citations) qui s'imposeront à vous, et vous serviront ensuite de références précises ou d'aide-mémoire.

Si vous êtes en panne d'idées, essayez de rattacher le sujet à une expérience personnelle; par exemple, s'il s'agit des voyages, réfléchissez sur les cas précis où vous avez été amené à voyager. S'il s'agit de théâtre, essayez de vous remémorer vos expériences d'acteur ou de spectateur.

Prenez la bonne habitude de n'écrire que sur un côté des feuilles de brouillon. Tracez un trait en diagonale sur le côté non utilisé.

● *L'établissement du plan détaillé*

Il va s'agir maintenant de procéder à un classement des idées, de mettre au point le plan.

Nous simplifions un peu en faisant se suivre la recherche des idées et leur classement; très souvent de nouvelles idées apparaissent au moment où l'on établit le plan; l'apparition d'une nouvelle idée peut aussi entraîner une modification du plan adopté initialement.

Comme nous l'avons montré plus haut, l'ordre dans lequel apparaissent les éléments qui constituent le développement dépend en grande partie de la conclusion à laquelle vous voulez aboutir.

Une feuille spéciale sera réservée au plan détaillé, feuille que vous conserverez sous les yeux lorsque vous rédigerez le devoir.

● *La conclusion*

Quand le plan détaillé est établi, mettez en place les grandes lignes de votre conclusion, sans la rédiger cependant.

Vous fixez ainsi votre point d'arrivée, le terme de votre démonstration. Même pressé par le temps, vous n'aurez pas un devoir qui se termine par un temps faible.

● *L'introduction*

Vous relisez attentivement le plan détaillé et vous rédigez l'introduction qui pose le problème et annonce éventuellement les grandes étapes du raisonnement.

● *La rédaction*

Travaillez montre sur table, de manière à pouvoir relire votre copie avant de la remettre.

Rédigez le corps du devoir directement sur la copie.

Relisez votre devoir avant de le rendre et corrigez les fautes.

B. Le libellé du sujet

Lorsque j'étais en classe de quatrième, j'avais un vieux maître de français que je considérais avec l'insolence de mes douze ans comme un irrécupérable gâteux.

Tandis que nous composions en rédaction il nous répétait à intervalles réguliers :

« N'oubliez pas le sujet, mes enfants ! De quoi s'agit-il ? De quoi s'agit-il ? »

Ce leitmotiv revenant toutes les dix minutes nous paraissait un rabâchage dérisoire. J'aurais tendance aujourd'hui à moins d'irrespect.

Un proviseur de Lycée, dans le courrier des lecteurs
du *Monde de l'Éducation.*

● *La phrase à commenter, le problème*

Nous avons abordé cette question à plusieurs reprises et nous nous contenterons d'un rappel.

Il faut traiter le sujet, rien que le sujet, tout le sujet.

Il est donc nécessaire de bien circonscrire le problème posé. Dans le sujet suivant, il y a, par exemple, un mot clé autour duquel doit s'organiser le devoir :

Sujet : *Le sport est-il seulement une école de vanité ou peut-il au contraire contribuer à la formation de l'individu ?*

Beaucoup d'élèves ayant à traiter ce sujet se contentent d'énoncer des généralités sur le sport ; or le mot VANITÉ est essentiel. Il renvoie à l'idée de concurrence, et il fallait lui opposer l'idée de coopération, opposer à l'excès d'individualisme en sport le travail d'équipe, ce qui conduisait tout naturellement à montrer le rôle du sport dans la formation morale de l'individu.

Nous rappelons aussi qu'il faut éviter de sortir des limites qui vous sont fixées. Un sujet sur le *roman* n'est pas un sujet sur la littérature en général ; un sujet sur la *publicité* n'inclut pas la propagande ou le démarchage à domicile.

● *L'auteur de la phrase à commenter*

Lorsque le sujet est constitué par une citation d'un auteur dont on vous donne le nom, il ne faut pas vous désoler si vous ne savez rien sur cet auteur.

Cela n'a aucune importance. Ce qu'on vous demande, c'est de commenter une réflexion et non de raconter la vie de son auteur.

Vous pouvez donc parfaitement traiter le sujet sur la littérature universelle abordé plus haut sans connaître Gœthe. Il faut éviter d'avoir ce réflexe, souvent constaté chez les candidats, qui consiste à éliminer immédiatement un sujet parce qu'on n'a pas de connaissances sur l'auteur de la citation.

Par contre, si vous connaissez l'auteur, vous pouvez utiliser ce que vous savez de lui. Il faut pourtant, dans ce cas, éviter une erreur aussi courante que la précédente. Cette erreur consiste à prendre uniquement ses exemples chez l'auteur de la citation. Si, par exemple, vous avez à commenter une réflexion de Malraux sur le roman moderne, ne vous croyez pas obligé de prendre les trois quarts de vos exemples dans les romans de cet auteur.

Si le sujet, au lieu de préciser le nom de l'auteur, dit « un romancier contemporain », ne perdez pas votre temps à chercher le nom de l'auteur; on a justement évité de vous le donner pour que vous ne tombiez pas dans le travers évoqué plus haut.

● *Les directives*

Les directives accompagnant le libellé d'un sujet sont de plusieurs types correspondant chacun à une exigence précise. En voici, d'une façon détaillée la liste et le commentaire :

— *Appréciez :* lorsque l'on vous demande d'*apprécier* un jugement, on ne requiert nullement une approbation sans limites : apprécier c'est *donner un prix*. Quelle valeur donc accordez-vous à ce jugement ? telle est la question posée.

Il s'agit donc de distinguer pour cela entre ce qui vous semble, en lui, positif et véridique, et ce qui vous paraît contestable. Toutefois, lorsqu'on vous enjoint simplement d'*apprécier*, il reste sous-entendu que la discussion éventuelle reste seconde pour sa place et son importance par rapport à l'*analyse* et l'*illustration* du jugement proposé.

— *Appréciez et discutez :* lorsque la discussion est exigée, on se trouve alors devant la situation classique thèse/antithèse, en donnant cette fois toute sa force à l'antithèse.

— *Commentez :* lorsque l'on vous demande de commenter un jugement, généralement assez long dans sa formulation, il est nécessaire de donner à votre développement une allure méthodique et de montrer ensuite, par des *illustrations* diverses et des *élargissements* éventuels, que vous en avez complètement saisi la portée.

Il ne vous est pas interdit, ce faisant, de critiquer d'une façon discrète tel aspect particulier ou la perspective d'ensemble du texte proposé. Mais il vous faut avant tout commenter, c'est-à-dire appliquer votre pensée à suivre le cheminement de celle qu'on vous propose, à en connaître les articulations.

— *Commentez et discutez :* vous suivrez les mêmes recommandations, mais en donnant cette fois toute sa force à la discussion ; d'où une nouvelle fois le schéma le plus simple et le plus classique : thèse/antithèse.

— *Expliquez :* cette directive n'est pour ainsi dire jamais donnée telle quelle, et se trouve le plus souvent accompagnée de précisions diverses. La notion d'explication suggère que vous devez rendre compte analytiquement du sens de la formule à étudier, en restant — plus que dans le « commentaire » — à l'intérieur du domaine qu'elle désigne.

Par exemple, telle *explication* d'un jugement sur le réalisme en littérature exige de vous une analyse précise, à partir d'exemples littéraires, du sens — ou des divers sens — de ce concept. La discussion peut être demandée d'une manière facultative ; dans ce cas, mêmes remarques que précédemment.

— *Étudiez :* c'est la moins « directive » des directives d'ordre analytique. On ne vous impose aucune limite ni restriction quant à votre démarche explicative et critique. Il faut toutefois prendre soin de justifier vos affirmations par des illustrations et des exemples.

— *Quelles réflexions vous suggère* (tel jugement) ? : votre liberté est plus grande encore dans ce cas ; mais il faut vous garder de la convertir en désordre : un tel énoncé, très libéral en apparence, vous oblige en fait à choisir vous-même votre démarche et votre plan, ainsi qu'à sélectionner vos idées en les groupant d'une façon homogène.

Il est en même temps nécessaire de ménager dans votre développement une progression dans laquelle puisse être saisi le bénéfice que l'on gagne à la suivre.

— *Sujet sous forme de question :*

Soit par exemple ce sujet donné à Paris :

« *Comment peut-on expliquer un poème ? En vous appuyant sur des exemples précis, vous répondrez à cette question.* »

Vous disposez d'une grande liberté mais, comme pour les autres sujets, on attend de vous une réponse rigoureuse, argumentée, illustrée et progressive.

— *Justifiez :* en raison sans doute de son caractère trop autoritaire, la formule *justifiez* a quasiment disparu du libellé des sujets d'examen. *De profundis.*

IL FAUT TRAITER LE SUJET, TOUT LE SUJET, RIEN QUE LE SUJET.

C. Conseils
pour la présentation
des copies

Il faut penser au correcteur qui se trouvera en présence de votre travail et vous efforcer de lui faciliter la tâche en accordant une grande importance à la présentation.

- *L'écriture*

Certaines copies sont écrites avec un tel manque de soin qu'il n'est pratiquement pas possible de les déchiffrer; d'autres sont lisibles, mais l'effort nécessaire au déchiffrage est tel qu'il reste peu d'énergie pour s'intéresser à la réflexion.

Sans faire de la calligraphie, essayez de présenter une copie propre et facile à lire.

N'employez pas d'encres trop claires. Évitez les stylos-bille baveurs.

Pour avoir le temps d'écrire votre devoir correctement, il faut apprendre à ne pas faire tout le devoir au brouillon; une partie doit être rédigée directement sur la copie.

- *La disposition du texte sur la feuille*

Pour en faciliter la lecture, il faut éviter que votre texte se présente comme un pavé compact.

Sautez plusieurs lignes entre les différentes parties, après l'introduction et avant la conclusion.

Ayez même le soin de ménager un espace plus grand entre l'introduction et le développement, et entre la fin du développement et la conclusion, qu'entre les différentes parties du développement. Le correcteur n'aura pas ainsi à hésiter pour saisir la structure même de votre démarche.

Quand vous passez d'un paragraphe à un autre, allez à la ligne et utilisez l'alinéa (quelques centimètres en retrait par rapport à la marge).

Ne mettez cependant pas de titres aux parties ou aux paragraphes.

Évitez aussi les 1°, 2°, etc.

● *Les titres de livres et les citations*

Soulignez les titres d'ouvrages. Cette règle vaut pour un titre de livre comme pour un titre de tableau ou un titre de film.

Mettez les titres de poèmes entre guillemets.

Donc si vous parlez du recueil de Baudelaire intitulé *Le Spleen de Paris* vous soulignez (<u>Le Spleen de Paris</u>). Si votre dissertation est publiée, l'imprimeur mettra ce fragment souligné en caractères italiques. Mais si vous parlez du poème de Baudelaire qui porte le même titre, vous le mettez entre guillemets (« Le Spleen de Paris »).

Mettez les citations entre guillemets.

En soulignant les citations vous rendez plus aisée la tâche du correcteur, mais ce n'est pas là une obligation.

La citation doit être exacte. C'est une règle absolue. Si vous ne connaissez pas le texte exact, faites simplement allusion à la pensée de l'auteur, sans mettre de guillemets.

Ne citez pas en supprimant le milieu de la citation pour gagner du temps. Même si vous citez un passage extrait d'un texte que votre lecteur a sous les yeux, il faut éviter de procéder ainsi : « *Je pense qu'une langue... belle littérature.* »

N'inventez pas de citations.

● *La citation des vers*

Si vous citez des vers, évitez de procéder ainsi :

Je fais souvent ce rêve étrange et pénétrant / D'une femme inconnue, et que j'aime et qui m'aime / Et qui n'est, chaque fois, ni tout à fait la même / Ni tout à fait une autre, et m'aime et me comprend.

Il faut à la fin de votre texte en prose mettre deux points et aller à la ligne. Il faut aller à la ligne pour chaque vers, et le commencer par une majuscule.

« *Je fais souvent ce rêve étrange et pénétrant*
  D'une femme inconnue, et que j'aime, et qui m'aime
  Et qui n'est, chaque fois, ni tout à fait la même
  Ni tout à fait une autre, et m'aime et me comprend. »

● *Conseils divers*

N'utilisez pas les parenthèses pour barrer un mot. Barrez le mot tout simplement.

Surveillez la ponctuation.

Formez les L majuscules. Mettez les accents avec soin.

D. Outils indispensables pour une bonne maîtrise de la langue

On exige dans tous les examens que le candidat s'exprime dans une langue correcte. Nous ne pouvons ici vous tracer un programme de travail pour l'amélioration de l'expression; nous nous contenterons de vous signaler quelques ouvrages indispensables à tout aspirant bachelier et à tout étudiant digne de ce nom.

- **Un bon dictionnaire**
  Nos préférences vont au « PETIT ROBERT 1 » (édition récente).

- **Une bonne grammaire**
  Évitez d'avoir recours à de vieilles grammaires. Notre « meilleur choix » :
  Grammaire du français contemporain   Éd. Larousse
  ou
  Grammaire des lycées et collèges   S.U.D.E.L.
       de Bonnard

- **Dictionnaire des Synonymes**
  Éditions Larousse ou Garnier

- **Dictionnaire des difficultés de la langue française**
  Éditions Larousse
  (les deux derniers ouvrages cités sont disponibles en édition brochée)
  auxquels on ajoutera :

- **L'art de conjuguer**
  de Bescherelle   Éd. Hatier

- **Les mots clés du français au bac**
                    Éd. Hatier, Profil Formation

Procurez-vous un carnet-répertoire dans lequel vous reporterez les définitions des mots essentiels et les citations cueillies au cours de vos lectures.

La dissertation [3] littéraire

Problèmes spécifiques de cet exercice

Cet exercice est appelé officiellement « composition française ». Les élèves disent plutôt le « troisième sujet » ou la « dissertation ».

● *Instructions officielles*

> *Composition française sur un sujet littéraire*
>
> Le troisième sujet, comme les deux autres, demande au candidat de réfléchir et de s'exprimer à propos de ce qu'il a lu. Mais ici il s'agit de ses lectures personnelles dans leur diversité et dans leur étendue - celles qu'il a faites pour la classe (et dont la liste présentée à l'oral contient les références) comme celles dont il a pris lui-même l'initiative. C'est dans sa culture littéraire personnelle (et facultativement dans sa connaissance d'autres langages et d'autres arts) qu'il trouve le matériau de sa réflexion et les exemples dont il a besoin pour étayer son exposé. [...]
>
> Le sujet n'est pas une « question de cours » portant sur des auteurs, des ouvrages, une époque, un mouvement littéraire impérativement désignés et supposés connus. Il n'est pas davantage un débat de doctrine ou de haute théorie littéraire. Il invite explicitement à une réflexion plus modeste, qui a pour objet une expérience vraie, nourrie de souvenirs de lecture, d'observations concrètes et précises. L'aptitude à examiner ces données, à les analyser, à établir des rapprochements et des différences, à interroger les œuvres qu'il a lues et appréciées permet au candidat d'esquisser des vues synthétiques sur des aspects significatifs de la littérature et des genres littéraires et de présenter en le justifiant son sentiment personnel.

La composition française sur un sujet littéraire n'appelle en aucune manière une réponse unique et prédéterminée à la question posée. Excluant tout dogmatisme, l'évaluation de l'exercice prendra pour critères :
— la qualité et la richesse de la culture personnelle ;
— la qualité de l'expression et l'efficacité de l'argumentation ;
— la pertinence et la justesse de la réflexion.

● *Remarques sur cet exercice*

La composition française — si l'on donne au mot *dissertation* le sens « ouvert » que nous lui avons donné — est une dissertation sur une question d'ordre littéraire.

A la différence de l'ancienne dissertation, la composition française ne porte pas sur un auteur ou un programme précis. Les sujets peuvent porter, cependant, sur une époque et un genre déterminés, qui sont supposés être connus des candidats. Nous avons relevé en particulier dans les annales du bac de ces dernières années des sujets portant sur le théâtre classique, les « philosophes » du XVIIIe siècle, les romanciers du XIXe siècle, la littérature contemporaine. Mais le candidat reste libre d'opérer un choix dans le domaine circonscrit par le sujet.

L'importance accordée à la culture personnelle ne doit pas être comprise comme une absence pure et simple de contraintes formelles. Au contraire, la liberté d'inspiration et d'illustration laissée au candidat par cet exercice l'oblige à inventer lui-même un ordre d'exposition qui peut être différent de celui de la dissertation, mais qui peut également lui être identique. Il est bon de ne pas oublier que, quel que soit le sujet, il est toujours un prétexte à la découverte et au traitement d'un ou de plusieurs problèmes, dont la solution requiert une démarche ordonnée.

La difficulté principale de cet exercice est, donc, derrière l'apparente facilité qui le rend agréable au candidat, d'obliger celui-ci à construire sa réflexion sans disposer d'une structure préalable régulière qui serait aussi clairement impliquée que dans le cas des divers types de plans établis pour la dissertation. Mais il demeure que c'est en faisant des « dissertations » que l'on apprend à faire des compositions françaises.

La composition française doit comporter, comme la dissertation de type traditionnel, une introduction et une conclusion obéissant aux mêmes principes ; elle doit comme elle résoudre un problème ou développer une pensée avec ordre et progression croissante de l'intérêt. Sur le plan de l'écriture elle permet peut-être un épanouissement complet des talents stylistiques et de l'expression des valeurs tenant à l'affectivité et au goût.

● *Types de sujets le plus fréquemment proposés*

Il y a une très grande diversité dans les sujets proposés : ceux-ci peuvent cependant se ramener à quelques grandes catégories :

1. *La création littéraire :*

Rapports entre l'œuvre de fiction et le réel : choix dans les emprunts faits au réel, travail d'élaboration sur ces matériaux; importance de l'imagination; importance des emprunts faits aux autres écrivains : problème de l'imitation; rapports biographie-œuvre; problème des conditions de la création : conditions économiques, conditions « morales » (conflit artiste-morale admise); art et contestation; problème de la sincérité de l'écrivain; part de mensonge inhérente à l'art.

2. *Fonction de la littérature :*

Pourquoi un écrivain écrit-il ? pour qui ?
Question envisagée soit du point de vue du créateur, soit du point de vue du consommateur (lecteur pris individuellement ou société envisagée dans son ensemble)
— la littérature comme moyen de communication ;
— la littérature comme moyen de connaissance de l'âme humaine et du monde ;
— la littérature comme évasion, divertissement ;
— la littérature comme moyen d'action (éducation ou action politique) ; très grande fréquence des sujets sur *l'engagement.* Dans cette rubrique, idée que l'écrivain n'a pas à prouver (problème de l'œuvre à thèse) ni même à apporter des réponses, mais surtout à inquiéter, à semer des points d'interrogation.
Ces sujets peuvent porter sur un seul genre (roman, poésie, théâtre, cinéma) ou impliquer une comparaison entre des genres différents.

Grande fréquence de tous ces sujets se rapportant aux fonctions de la littérature.

3. *Vie de l'œuvre littéraire :*
Problème du vieillissement des œuvres; pourquoi une œuvre dure (susceptible de nouvelles « actualisations »); faut-il « actualiser » les œuvres anciennes; rôle créateur du consommateur dans sa relation à l'œuvre d'art; l'œuvre doit-elle être ou non « populaire »?

4. *Comparaisons entre les différents genres littéraires :*
Les sujets comparatifs reviennent assez souvent.

a. *Comparaison entre différents genres :*
roman-théâtre; roman-histoire; roman-poésie; roman-biographie; roman-épopée; roman-essai; romancier-dramaturge; tragédie-comédie; acteur-écrivain; chanson-poésie; oral-écrit; idées et passions au théâtre; littérature et sous-littérature; littérature d'évasion-littérature militante; littérature et critique; littérature et vie; littérature et histoire; art et science; vérité scientifique et vérité poétique.

b. *Comparaison entre littérature et autres arts :*
livre-télévision; livre-cinéma; problème des adaptations; littérature-bandes dessinées; écrit-image; littérature-journalisme.

5. *Sujets propres à un genre littéraire :*
Le problème du personnage de roman; le rôle des descriptions dans un roman; rôle du metteur en scène au théâtre; l'attitude du poète en face des mots; caractère hors du commun des personnages; définitions du roman, de la poésie, du tragique, du réalisme; nature du comique, de l'humour.

6. *Sujets portant sur des thèmes (vus à travers la littérature).*
Solitude; monde rural; thème de l'eau; enfance et jeunesse; grands thèmes éternels; un grand thème au choix.
Ces sujets ne sont pas donnés très souvent (un ou deux par an).

7. *Littérature et enseignement :*
Peut-on « expliquer » un poème? peut-on enseigner la littérature? que peut-on attendre des « morceaux choisis » et des manuels de littérature? utilité des notes et des préfaces; pourquoi étudie-t-on la littérature?

8. *Sujets se rattachant étroitement à une expérience personnelle :* Rapports entre lectures et sens donné à votre vie; réactions devant une œuvre satirique; devant une œuvre d'évasion; part faite à la littérature contemporaine; rédaction d'un article sur un roman, une pièce de théâtre ou un film (article de critique ou compte rendu); réaction devant une œuvre porteuse d'« espérance ».

Ce tableau a été établi à la suite d'un dépouillement systématique des annales des cinq dernières années ; les sujets portant sur une époque donnée (rares) et ceux portant sur le livre et la lecture (assez fréquents) peuvent se ramener aux catégories précédentes. Quelques sujets très « originaux » n'ont pu entrer dans ces catégories.

● *Conditions à remplir pour réussir cette épreuve*

Il faut posséder une certaine culture littéraire. On ne peut pas disserter intelligemment sur le roman si l'on n'a pas lu un seul roman de toute son existence ; de même, il est difficile de parler du théâtre si l'on n'a pas un tant soit peu fréquenté les salles de spectacle et même les coulisses. Lisez des œuvres en version intégrale. Approfondissez ces lectures en ayant recours à des ouvrages comme ceux publiés dans les collections *Profil d'une œuvre*. Découvrez les auteurs à travers des collections comme *Écrivains de toujours* (Seuil) ou *Qui êtes-vous ?* (La Manufacture).

L'ouvrage de Chassang et Senninger, *La dissertation littéraire générale, structuration dialectique de l'essai littéraire.* Tome I Éd. Hachette. Coll. HU. bien que destiné à l'enseignement supérieur, est l'ouvrage qui nous semble pouvoir rendre les meilleurs services aux candidats désireux de se préparer soigneusement au troisième sujet.

Étudiez en profondeur un ou deux domaines (ceux qui correspondent le mieux à vos goûts). Cela vous fournira des matériaux exportables vers d'autres secteurs de la réflexion littéraire.

LISEZ. LISEZ. ALLEZ AU THÉÂTRE ET AU CINÉMA.

Et donnez un coup d'œil sur les corrigés que nous proposons dans les pages qui suivent, corrigés qui portent sur des sujets donnés assez fréquemment.

Sujet : On parle beaucoup aujourd'hui de « *littérature enga-gée* », dans laquelle l'écrivain œuvre pour expliquer et ensuite améliorer la condition humaine.

Pensez-vous que ce soit l'unique vocation de la littérature ?

Remarques sur le sujet

1. Il s'agit d'un sujet facile parce que posant le problème avec netteté et se rapportant à un domaine connu des élèves.

2. Le sujet explique déjà en partie ce qu'est la littérature engagée.

Il est cependant nécessaire de préciser la définition de l'engagement pour éviter que les expressions « *expliquer* » et « *améliorer la condition humaine* » ne recouvrent un contenu trop vague.

L'*engagement* consiste pour l'écrivain à prendre parti dans les luttes politiques de son temps en vue d'une amélioration de l'ordre social.

Cette attitude s'oppose au *non-engagement* qui consiste pour l'écrivain à s'enfermer dans une tour d'ivoire, à se désinté-resser du sort de ses contemporains, pour se consacrer uni-quement à l'œuvre d'art.

Nous voyons donc que la définition contenue dans le sujet est incomplète, dans la mesure où elle ne précise pas que l'écrivain engagé recherche une action immédiate — avec les risques que cela comporte — sur la société dans laquelle il vit.

Un écrivain dont l'œuvre *expliquerait* la condition humaine, qui serait animé par le désir d'une *amélioration* de cette condition, mais qui écrirait pour une postérité loin-taine, ne répondrait pas à la définition de l'écrivain engagé. L'engagement se caractérise par le désir d'une action poli-tique immédiate.

3. Les expressions *expliquer* et *améliorer* devront retenir l'attention.

Il est essentiel de montrer le lien qu'il y a entre ces deux actions. Dans la mesure où il tend à démystifier, à ouvrir les yeux de ses contemporains, l'écrivain est déjà un agent de transformation de la société.

4. L'expression *condition humaine* peut désigner la *condition métaphysique* de l'homme (sa situation dans le monde face aux autres hommes et à la nécessité de la mort) ou sa *condition socio-économique* (sa place dans une société et la place de cette société dans l'ensemble des entreprises humaines). Le titre d'un roman de Malraux, *La condition humaine,* joue sur ces deux sens. Il est évident que c'est au second de ces sens que se rapporte le sujet.

5. Les trois remarques précédentes montrent qu'il était nécessaire, avant d'aborder toute discussion, d'apporter un certain nombre de précisions à la définition proposée par le sujet.

Cet effort pour mieux cerner la notion de *littérature engagée* pouvait constituer la première partie du devoir.

6. Même si vous pensez que la fonction essentielle de la littérature est l'*engagement,* il est bon d'évoquer, puisque le sujet vous le demande pratiquement, d'autres *vocations* possibles de la littérature.

Même lorsqu'on a l'intention de rejeter une thèse, il est bon de montrer qu'on la connaît.

7. Les exemples littéraires pour traiter ce sujet seront choisis de préférence en relation avec un contexte historique précis : Voltaire et l'affaire Calas, Zola et l'affaire Dreyfus, Sartre et la guerre d'Algérie, Dos Passos et la naissance du capitalisme américain, Soljénitsyne et le stalinisme, Césaire et le colonialisme.

Proposition de plan

(pour le sujet ci-dessus p. 74)

Introduction

En 1947, dans *Qu'est-ce que la littérature ?* Sartre posait avec netteté un problème qui, depuis, a fourni une ample matière aux journalistes littéraires et... aux candidats au bac : le problème de l'*engagement*. Sartre prenait violemment parti contre tous les écrivains qui ont cru pouvoir s'abstraire de leur temps et céder à la tentation de l'irresponsabilité. Il assignait à l'homme de lettres une tâche précise : œuvrer à la libération de ses contemporains en participant aux luttes politiques de son temps.

Si, trente ans après ce pavé dans la mare, on continue à discuter sur ces problèmes, si Sartre aujourd'hui reconnaît qu'il s'était fait bien des illusions sur les pouvoirs de la littérature, c'est que le problème de la vocation — ou des vocations — de la littérature n'est pas simple.

Première partie : la littérature engagée, définition

Compléments à la définition proposée par le sujet et précisions. (On s'aidera pour cette partie des remarques contenues dans les pages précédentes.)

— Désir d'une action immédiate ; l'écrivain engagé n'écrit pas pour la postérité.

— *Condition humaine* entendue au sens socio-économique, au sens politique.

— Le lien étroit entre *expliquer* et *améliorer* : pas d'*amélioration* profonde de la condition des hommes sans *prise de conscience,* et pas de prise de conscience sans *explication,* démystification.

Deuxième partie : plaidoyer en faveur de la littérature engagée

Défense de ce point de vue en s'appuyant sur des exemples où seront clairement perçus les liens de la littérature et de l'histoire. Il faudra montrer comment la littérature est une action, et s'intègre en les soutenant aux autres formes de lutte.

— Nécessité de ne pas confondre *littérature* et *propagande*.

Après avoir distingué les deux genres, on s'efforcera de montrer qu'une œuvre peut être une œuvre d'actualité et en même temps une œuvre de qualité. (Les exemples les plus classiques sont *Les Provinciales* de Pascal et les *Contes* de Voltaire.) Il est donc possible de concilier engagement et valeur littéraire.

Troisième partie : autres vocations possibles de la littérature

— *La littérature comme divertissement :*
L'auteur ne cherche pas à transformer le monde, mais veut donner au lecteur le moyen de s'en évader.

— *La littérature comme échec à la mort :*
Écrire peut correspondre à une volonté de ne pas mourir tout à fait; de laisser une trace qui survivra à la mort physique. C'est le « *dur désir de durer* » dont parlait Éluard.

— *La littérature, instrument de communication :*
Correspond à un sentiment tout naturel qui nous incite à partager nos joies et nos peines, nos inquiétudes et nos interrogations.

« *J'ai perdu bien des illusions littéraires... |... Mais il me reste une conviction dont je ne démordrai pas : écrire est un besoin pour chacun. C'est la forme la plus haute du besoin de communication.* »
Sartre, *Situations IX.*

— *La littérature source de joie esthétique :*
Satisfaction de l'auteur devant sa création; du lecteur devant une belle œuvre.

— *La création littéraire comme pratique exploratoire :*
C'est la fonction qu'assigne l'école du *Nouveau roman* à la littérature. Nous donnerons à titre de documentation ce texte de Robbe-Grillet qui fait bien le point sur la question. « LE SEUL ENGAGEMENT POSSIBLE POUR L'ÉCRIVAIN, C'EST LA LITTÉRATURE.

Il n'est pas raisonnable, dès lors, de prétendre dans nos romans servir une cause politique, même une cause qui nous paraît juste, même si dans notre vie politique nous militons pour son triomphe. La vie politique nous oblige sans cesse à supposer des significations connues : significations sociales, significations historiques, significations morales. L'art est plus modeste — ou plus ambitieux — pour lui, rien n'est jamais connu d'avance.

Avant l'œuvre, il n'y a rien, pas de certitude, pas de thèse, pas de message. Croire que le romancier a « quelque chose à dire », et qu'il cherche ensuite comment le dire, représente le plus grave des contresens. Car c'est précisément ce « comment », cette manière de dire, qui constitue son projet d'écrivain, projet obscur entre tous, et qui sera plus tard le contenu douteux de son livre. C'est peut-être, en fin de compte, ce contenu douteux d'un obscur projet de forme qui servira le mieux la cause de la liberté. »*

Conclusion

La littérature peut donc avoir d'autres vocations que l'engagement dans la lutte politique; cet engagement peut, par ailleurs, être conçu autrement : une subversion des formes traditionnelles qui finira par modifier les mentalités et indirectement les institutions en place. Mais beaucoup d'écrivains — et Sartre le premier — émettent des doutes sur la possibilité pour la littérature de jouer un rôle politique important, et accordent plus de crédit à un engagement personnel au niveau de l'action. A l'image de René Char qui pendant la Résistance remplaça son stylo par un revolver et dirigea un maquis.

* A. Robbe-Grillet, *Pour un nouveau roman*, Gallimard/Idées, 1963.

> *Sujet :* Paul Valéry a dit : « *L'enthousiasme n'est pas un état d'âme d'écrivain.* » De son côté Julien Benda écrit : « *C'est pour moi un des grands signes de l'impuissance moderne de dire : j'écris mes livres sans ordre parce que si j'ordonnais mon émotion je la perdrais. C'est tout simplement escamoter le problème qui est précisément de l'ordonner sans la perdre, mieux, de l'intensifier par l'ordre qu'on y insère.* »
> Quelle est, selon vous, dans le domaine de la poésie, la portée de telles affirmations ?

Remarques sur le sujet

1. Sujet plus difficile que le précédent parce qu'il faut bien voir où se situe le problème. La difficulté est augmentée par le fait que nous sommes en présence de deux citations qui ne disent pas exactement la même chose.

Il faut d'autre part connaître un peu ce qui a été dit sur la question, car il n'est pas possible de tout réinventer le jour de l'examen.

La difficulté est donc double : il faut comprendre le sujet et posséder un minimum de documentation sur la question.

2. Notez l'expression *dans le domaine de la poésie.* Donc tout ce que vous pouvez dire sur le roman, le théâtre ou les autres genres littéraires est purement et simplement hors sujet.

3. Le sujet n'est peut être pas formulé simplement mais il est simple. Il porte sur la *création poétique,* sur le travail créateur du poète.

Il y a depuis longtemps sur la question deux thèses en présence. Les uns estiment que l'essentiel est dans l'*inspiration,* une sorte de voix irrépressible venue de l'âme du poète. L'œuvre d'art est le fruit d'un processus en quelque sorte *magique.*

Les autres, au contraire, insistent sur l'importance du travail. Le poète travaille sur le langage comme un chimiste ou un savant, en combinant les propriétés pour obtenir un effet déterminé sur le lecteur. La création littéraire dépend surtout dans ce cas d'une démarche consciente et laborieuse.

L'expression : *L'enthousiasme n'est pas un état d'âme d'écrivain* » s'explique donc aisément.

L'enthousiasme, c'est l'état d'âme du poète *inspiré,* celui qui semble habité par un Dieu dont il ne fait que transmettre la parole (*enthousiasme* est formé sur la racine grecque THEOS qui signifie *dieu*). Valéry refuse la thèse du poète inspiré et insiste d'une manière un peu provocante sur la nécessité du travail dans la création poétique.

Julien Benda exprime une idée assez proche. Les écrivains « modernes » auxquels il fait allusion sont ceux qui refusent le travail qui consiste à *mettre de l'ordre* dans ce qui a été formulé sous le coup de l'émotion. Julien Benda pense-t-il aux surréalistes, qui pratiquaient l'écriture automatique, c'est-à-dire une écriture qui refusait tout contrôle de la conscience ?

Les différences sont les suivantes : Julien Benda affirme nettement la nécessité d'une *émotion* à l'origine de cette création, alors que ce point n'a pas été précisé par Valéry.

La nature du travail est par ailleurs mieux précisée chez Benda. Ne donnez pas, cependant, à l'expression *mettre de l'ordre* un sens trop simple et en faisant l'équivalent de « faire un plan ».

Votre travail ne doit pas consister à comparer les deux formules, mais à extraire ce qu'elles ont de commun. Dans ce cas il s'agissait de *la nécessité du travail dans la création poétique.*

4. Nous avons, pour les besoins de l'explication, opposé d'une manière assez tranchée deux grandes tendances parmi les conceptions relatives à la création poétique; en fait, le plus souvent, chacun de ces deux camps fait des concessions à l'autre. Les surréalistes trichent parfois dans la pratique de l'écriture automatique et certains d'entre eux ne l'ont jamais vraiment pratiquée. Par ailleurs Valéry, partisan du travail et ennemi de l'*enthousiasme,* reconnaît que l'*inspiration* est souvent à l'origine d'un poème et qu'elle fournit « le premier vers ».

5. Il faut éviter de faire à partir de ce sujet un devoir d'histoire littéraire. On peut cependant évoquer quelques écoles : les *romantiques* et les *surréalistes* qui ont surtout insisté sur

l'inspiration dans la création ; les *parnassiens* et les *symbolistes* qui, au contraire, ont conçu le poème comme le résultat d'un patient labeur.

Il convient toutefois de distinguer la conception surréaliste de la conception romantique ; il y a chez les romantiques une métaphysique de la parole inspirée, fortement ancrée dans le christianisme, dont le romantisme exprime souvent un renouveau mystique. Chez les surréalistes, aucune influence de ce type : la « spontanéité » de l'écriture automatique veut être celle-là même de l'inconscient et de ses mécanismes associationnels . phase expérimentale et exploratoire, l'écriture automatique prépare à un travail poétique, que l'on trouve parfois merveilleusement achevé chez Reverdy et Aragon.

Proposition de plan

(pour le sujet ci-dessus, p. 79)

Introduction

Dans les sociétés encore imprégnées de sacré, le poète, le sorcier, le prophète sont proches l'un de l'autre; ils ont en commun la faculté d'être en communication avec l'au-delà, et d'être le médium par lequel s'exprime le surnaturel. Par la suite, d'autres théories, tout en supprimant la référence au divin, continuent d'attribuer l'inspiration à des forces mystérieuses et presque extérieures au poète (la passion, l'inconscient). Face à ce courant, attitudes plus techniciennes de Valéry et Benda qui insistent sur ce qu'il y a de voulu et de conscient dans la création poétique. Le problème est donc de savoir la part qu'il faut accorder au travail dans la création du poète *.

Première partie : les théories du poète inspiré

Rapide exposé sur les thèses critiquées par Valéry et Benda.

Les thèses sur le poète inspiré se rattachent à une vieille tradition. Platon (ıv° siècle avant J.-C.) insiste sur la nécessité de l'*enthousiasme,* c'est-à-dire sur la nécessité d'une inspiration d'ordre divin (le mot *enthousiasme,* formé sur THEOS *(Dieu)* signifie approximativement « Dieu en nous »). Platon exprime ces idées dans le *Ion* et le *Phèdre.*

« *Le poète est chose légère, chose ailée, chose sainte, et il n'est pas encore capable de créer, jusqu'à ce qu'il soit devenu l'homme qu'habite un Dieu, qu'il ait perdu la tête, que son esprit ne soit plus en lui.* » *(Ion).*

« *Mais quiconque approche des portes de la poésie sans que les Muses lui aient soufflé le délire, persuadé que l'art suffit pour faire de lui un bon poète, celui-là reste loin de la perfection, et la poésie du bon sens est éclipsée par la poésie de l'inspiration.* » *(Phèdre).*

Le poète, comme le devin et le prophète, écrit sous la DICTÉE d'un dieu. Au moment où il écrit, il est, à la fois, « possédé » par une divinité et « dépossédé » de lui-même. Il est « *celui de qui l'esprit est absent mais en qui une divinité parle* » (Platon).

---

* Il ne s'agit pas de l'introduction définitive, laquelle devra intégrer, totalement ou partiellement, les citations à commenter.

On retrouve partout, et à toutes les époques, cette idée que l'inspiration du poète est un DON du ciel, don fait à la naissance ou au moment où s'élabore le poème.

A l'époque moderne, la référence à une puissance surnaturelle est souvent abandonnée, mais l'on continue d'attribuer la faculté créatrice à des puissances mystérieuses, la *passion* chez les romantiques, l'*inconscient* chez les surréalistes. La création poétique semble ne pouvoir exister que lorsque se produit une sorte de démission de la conscience devant les puissances de la sensibilité.

Valéry et Benda réagissent contre cette attitude en affirmant que la simple transcription d'une émotion ne suffit pas pour créer un beau poème.

« *Toutes les passions du monde, tous les incidents, même les plus émouvants, d'une existence sont incapables du moindre beau vers* » (Valéry, *Variété*).

Dans la formule à discuter, le mot *enthousiasme* peut être pris soit à son sens premier, inspiration d'ordre divin, soit simplement au sens d'*émotion intense*.

Deuxième partie : thèses de Valéry et Benda

A. Nécessité du travail.

Pour Valéry comme pour Benda, le poète travaille sur un matériau qui est le langage; c'est une sorte d'ouvrier du langage; il a appris un métier qui se réfère à une longue tradition.

Le poète élabore de savantes combinaisons entre les sons, les images, les rythmes, le sens des mots, et ceci d'une manière consciente en vue d'un effet donné.

Il y a donc tout un travail d'arrangement, d'agencement; ce que Benda appelle un *ordre*. L'art organise en vue d'un effet les données brutes de la sensibilité. Il s'agit, comme l'écrit Benda, d' « *ordonner* (l'émotion) *sans la perdre* » et même de l'*intensifier* (c'est-à-dire d'augmenter son pouvoir d'action sur le lecteur).

B. Concessions à la thèse du poète inspiré.

La technique ne suffit pas; elle permet tout au plus le travail de ce qu'on appelle des *versificateurs*.

L'émotion, l'enthousiasme sont nécessaires à l'origine.

Benda dans le texte à commenter reconnaît explicitement la nécessité de cette émotion.

Valéry, dans d'autres textes, reconnaît l'importance d'instants privilégiés qui sont à l'origine du poème : « *une sorte d'énergie spirituelle d'une nature spéciale* »; « *certaines minutes d'un prix infini* ».

Tout en affirmant la part prépondérante du travail, il fait des concessions à la théorie qui voit dans l'inspiration une sorte de DON d'origine mystérieuse :

« *Les dieux gracieusement nous donnent pour rien tel premier vers; mais c'est à nous de façonner le second, qui doit consonner avec l'autre, et n'être pas indigne de son aîné spirituel. Ce n'est pas trop de toutes les ressources de l'expérience et de l'esprit pour le rendre comparable au vers qui fut un don* » (*Études littéraires. Au sujet d'Adonis*. Pléiade. Tome 1, page 482).

(Valéry étant athée, l'expression « les dieux » ne doit pas être prise ici au pied de la lettre; c'est une manière d'exprimer le caractère mystérieux des premiers moments de la création.)

On a donc le schéma suivant* :

Émotion originelle →	Mise en forme par le technicien du langage qu'est le poète	→ Émotion provoquée chez le lecteur

« *La poésie et les arts ont la sensibilité pour origine et pour terme, mais entre ces extrêmes l'intellect et toutes les ressources de la technique, peuvent et doivent s'employer* » (Valéry, *Variété*).

Troisième partie : point de vue personnel

A. Approbation des idées exprimées par Valéry et Benda.

— Caractère éphémère des productions issues de la seule spontanéité.

— Les théories sur l'inspiration considérée comme un *don* ont très souvent été tempérées par des affirmations qui reconnaissent la nécessité d'une mise en œuvre laborieuse.

* On évitera, pour se conformer à la tradition, tout schéma dans la dissertation définitive.

— Certains écrivains par une sorte de « roublardise » s'efforcent de dissimuler toute la « cuisine » qui prélude à la naissance d'une œuvre.

B. Nécessité d'avoir une conception large du « travail ».
A une personne qui lui demandait combien de temps il avait mis pour faire un tableau, Matisse avait répondu : « *Trente secondes* »; puis il s'était repris en disant : « *Trente secondes. Plus vingt-cinq ans.* »

Matisse faisait allusion à tout ce travail de maturation — fait d'exercices et de réflexions — qui l'avait amené à une maîtrise lui permettant de travailler très vite.

Il faut donc distinguer le travail « immédiat », celui qui se fait au moment où s'élabore l'œuvre, du travail de maturation qui peut être fait de rêveries, de méditations. Il faut opposer le « *travail réfléchi* » au « *travail du rêve* ». C'est pour faire allusion à toute cette alchimie mystérieuse que le poète Saint-Pol Roux écrivait sur sa porte, lorsqu'il dormait : « *Le poète travaille.* »

On pourrait même évoquer le travail de l'écrivain sur lui-même : pour atteindre un état propice à la création, Rimbaud demandait au poète de « *cultiver son âme* », de se faire « *voyant* » par « *un long, immense et raisonné dérèglement de tous les sens* ».

Un poème complexe peut donc être écrit en quelques minutes, et apparemment sans efforts, mais avoir été mûri pendant des années. L'inspiration a souvent le caractère soudain de l'intuition, mais comme elle, elle n'est toujours que le résultat d'une longue patience.

Conclusion

La poésie n'est pas rêve mais possession du rêve, elle n'est pas figuration de l'émotion, mais sa transfiguration. Et si, très souvent, l'acte de création poétique semble le produit d'une force invisible et mystérieuse, c'est que la grande œuvre est celle qui a demandé beaucoup de travail, mais qui donne l'impression d'avoir été produite sans effort.

> *Sujet :* Un écrivain contemporain déclare : *« C'est une profonde erreur de porter un roman à l'écran. »*
> Partagez-vous ce sentiment ?

Remarques sur le sujet

1. Est posé ici le problème de l'*adaptation* d'une œuvre littéraire au cinéma ; le sujet ne porte cependant que sur le roman. On laissera donc de côté le problème très différent de l'adaptation d'une pièce de théâtre. Par contre on pourra, en considérant qu'elle fait partie du genre romanesque, parler de la *nouvelle*.

2. Il y a bon nombre de candidats qui laisseront ce sujet de côté : ce sont les candidats dont la culture cinématographique est faible et qui en particulier n'ont jamais vu de films tirés de romans qu'ils ont lus.

Les candidats qui ont beaucoup lu et vu beaucoup de films veilleront à éviter un défaut fréquent : celui qui consiste à multiplier à l'excès les références, et de ce fait à disperser l'attention. A la limite, le devoir pourrait être fait à partir de l'analyse d'une seule adaptation.

3. Les possibilités de plan sont nombreuses. On peut, bien que ce ne soit pas la meilleure solution, organiser le devoir autour du commentaire de deux ou trois œuvres marquantes.

On peut aussi prendre comme centres d'intérêt les oppositions traditionnelles entre les deux genres et les discuter. Par exemple :

Première partie : Opposition *Temps* (roman)/*Espace* (cinéma)

Deuxième partie : Opposition *Intériorité/Extériorité Subjectivité/Objectivité*

Troisième partie : Opposition *Mot/Image*

Chaque partie comprendrait l'exposé de l'opposition telle qu'elle est habituellement présentée, et sa remise en question.

Proposition de plan

Introduction

Peut-être parce qu'il est né parmi les forains et les bateleurs, le cinéma a longtemps été tenu en suspicion dans les milieux intellectuels ; les gens du cinéma étaient des barbares qui menaçaient la « culture cultivée », et il importait de limiter leurs empiètements. Il n'est donc pas étonnant que ce soit à un écrivain qu'on doive l'affirmation selon laquelle « *C'est une profonde erreur de porter un roman à l'écran* ».

Aujourd'hui les positions sont heureusement moins tranchées : hommes de lettres et cinéastes collaborent. Mais le problème demeure : une adaptation peut-elle être autre chose qu'une trahison ?

Première partie : causes « extrinsèques * » de la dénaturation d'un roman par l'adaptation

Le roman est du domaine de l'artisanat. Le cinéma est une industrie. Le réalisateur doit se soumettre aux exigences des producteurs pour qui « *un bon film est un film qui fait de l'argent* ». Ces exigences sont si nombreuses qu'il est bien difficile de faire une adaptation réussie en les respectant.

1. *Simplifications excessives :*
Le but étant de toucher le grand public, on éliminera tout ce qui pourrait être inintelligible au « spectateur moyen », d'où :

— schématisation de l'intrigue,

— réduction de la psychologie des personnages à des stéréotypes clairs,

— simplification et renforcement de l'opposition entre le Bien et le Mal,

— tendance à laisser de côté ce qui ne concerne pas directement l'action, et qui est souvent le plus important dans un roman.

2. *Le « happy end » imposé :*
Le *happy end* (dénouement heureux) a été et reste encore

---

* Par causes « extrinsèques », nous entendons des causes qui ne tiennent pas à la nature du cinéma en tant que moyen d'expression. Dans la partie suivante, quand nous parlons des causes « intrinsèques », nous voulons parler au contraire des causes qui tiennent à la différence de nature entre les deux modes d'expression.

souvent une contrainte : Pierre Boulle ne pourra pas faire admettre que le film tiré de son roman *Le pont sur la rivière Kwaï* se termine comme le roman par un échec. Les producteurs imposèrent leur fin « heureuse », dans laquelle les héros sympathiques sont récompensés.

3. *Scènes et acteurs imposés :*
En 1920 un producteur exigeait dans chacun de ses films une réception mondaine parce que le public aimait bien ça; même chose aujourd'hui avec les scènes d'érotisme ou de bagarre. Le lien avec le roman n'est pas toujours évident.

Le producteur impose parfois un acteur qui n'est pas celui qui conviendrait au rôle, ou une chanson qui arrive « comme un cheveu sur la soupe ».

4. *Censure :*
La censure est souvent plus rigoureuse pour un film que pour un roman (cf. le film *La religieuse* interdit à sa sortie alors que le roman de Diderot était en vente libre partout). Le réalisateur peut donc être tenté d'atténuer la force de l'œuvre qu'il adapte.

5. *La recherche du film « international » :*
Elle va aussi dans le sens d'une simplification et d'une déformation. On supprime tout ce qui est trop marqué culturellement; on accède aux désirs des acheteurs étrangers.

6. *Durée du film :*
Toujours pour des raisons commerciales, le film doit durer environ deux heures. Renoir, qui avait réalisé une *Madame Bovary* de trois heures, devra en supprimer un tiers, d'où évidemment déformation de l'œuvre.

A l'opposé, le réalisateur est amené à faire du remplissage pour que le film devienne un feuilleton télévisé.

Conclusion de la première partie :
Les raisons pour que l'adaptation d'un roman soit un échec sont nombreuses; la liste est d'ailleurs longue des mauvais films tirés de bons romans. On comprend donc que la plupart des romanciers soient déçus par les adaptations tirées de leurs œuvres; ils ont l'impression qu'on éprouve à visiter une maison aimée transformée par d'autres. Et leur amertume envers les gens du cinéma pourrait se résumer par la formule de l'un d'eux : « *La littérature leur résistait, ils l'ont assassinée.* »

Deuxième partie : causes « intrinsèques »
de la dénaturation d'un roman par l'adaptation

Cependant, lorsque toutes les contraintes évoquées ci-dessus sont absentes, lorsque le réalisateur est parfaitement libre (situation utopique mais dont on se rapproche parfois), lorsqu'il travaille même en collaboration avec le romancier, il arrive que l'adaptation soit un échec, que l'essentiel du roman ne soit pas rendu dans le film. Ceci peut s'expliquer par un certain nombre d'irréductibilités entre les deux genres.

1. *Le problème du temps :*
Le temps serait la matière du roman. Aucun autre genre ne saurait mieux traduire son emprise sur les choses et les êtres.

Le film ne peut rendre en deux heures (ou même en quatre) l'écoulement du temps dans son flux insaisissable. D'où difficulté de traduire des œuvres comme *Anna Karénine,* ou même impossibilité pour l'œuvre de Proust ou un roman comme *Jude l'obscur* de Thomas Hardy.

2. *Le problème de l'atmosphère, de l'ambiance :*
L'ambiance est souvent faite d'impondérables plus faciles à suggérer par l'écriture que par l'image. Difficulté par exemple à restituer l'atmosphère des romans de Simenon. Le choix de l'acteur est ici primordial ; aucun de ceux qui ont tenté l'épreuve (Harry Laughton, Jean Gabin, Jean Richard) n'a vraiment réussi à recréer l'atmosphère indissociable du personnage de Maigret.

3. *Le problème de la vie intérieure :*
La complexité de la vie intérieure ne serait pas accessible au cinéma plutôt fait pour l'action et la description. Ceci était particulièrement vrai à l'époque du muet et aux débuts du parlant.

4. *Le problème de la différence de nature entre les deux genres :*
La meilleure preuve que l'on puisse donner de cette différence est la constatation suivante : chaque fois qu'un réalisateur à voulu être fidèle, suivre le roman de très près, il a finalement trahi l'esprit du livre en voulant en respecter la lettre.

Exemple : *L'Étranger* de Camus adapté par Visconti.

Conclusion de la deuxième partie :
Il y a donc de profondes différences entre les deux genres. Et ce ne sont pas seulement les défenseurs du roman qui refusent l'adaptation; ce sont aussi les défenseurs du septième art qui, au nom de la spécificité du cinéma, refusent d'en faire un parent pauvre de la littérature. Le cinéma doit être pour eux un art pleinement original, et non un art qui reste à la remorque du roman ou du théâtre.

Troisième partie : j'ai rencontré des adaptateurs heureux

On trouve donc aussi bien chez les romanciers (qui y voient une dégradation de leur art) que chez les cinéastes (qui y voient une subordination du cinéma à la littérature) des ennemis de l'adaptation d'un roman au cinéma; les arguments ne manquent pas, nous l'avons vu. Cependant le refus de l'adaptation est aujourd'hui beaucoup plus rarement affirmé que par le passé, et ceci pour deux raisons : le cinéma est devenu un art plus complet qu'auparavant, et la notion d'adaptation est mieux définie que par le passé.

A. *Le cinéma est un art plus complet que par le passé.*
Ce que nous avons dit plus haut sur les incompatibilités entre les deux genres était particulièrement vrai à l'époque du muet et au début du parlant. Mais les procédés du cinéma et ses techniques se sont affinés, et on peut dire que le cinéma est capable de tout exprimer. Il est devenu « *Un moyen d'écriture aussi souple et aussi subtil que celui du langage écrit* » (Astruc).

Exemples : Expression du temps : *Citizen Kane* de Wells, la recherche du temps perdu; idem avec Fellini, le temps retrouvé; expression du temps qui se répète dans les adaptations par Ophüls des nouvelles de Maupassant; le poids du passé dans *Hiroshima mon amour,* etc.

Le cinéma peut très bien être un art du temps et de la fuite du temps.

Expression de la vie intérieure : le monologue intérieur peut être rendu par la *voix off,* le *flash-back,* la surimpression, les effets de montage, les interventions de la musique, etc.

Le film peut très bien traduire une ambiance (*Le Silence de la mer,* d'après Vercors).

Le réalisateur, en jouant sur les mouvements de caméra, le cadrage, la profondeur de champ, l'angle de prise de vue, les éclairages, le découpage, le montage, la construction ou le choix du décor, le choix des acteurs et leur direction, etc., peut réussir à surmonter la différence entre les deux modes d'expression. Il ne cherche pas à illustrer une histoire mais à en donner une *transposition.*

Exemples : *Le mépris* de Moravia par Godard; *Zazie dans le métro* de Queneau par Louis Malle; *Zorba le Grec* tiré du roman de Nikos Kazantzakis.

Il faut donc repenser l'œuvre en langage cinématographique. Racine disait : « *Ma tragédie est faite, il ne reste plus qu'à l'écrire.* » L'adaptateur pourrait dire : Mon film est écrit, il ne reste plus qu'à le faire.

B. *Une conception plus large de l'adaptation.*
On admet aujourd'hui qu'il y a deux manières de trahir une œuvre :

1. En n'en respectant ni le contenu ni l'esprit.

2. En se contentant d'en donner une illustration.

« .../... *Tout film, même bon — ou disons pas mauvais — qui ne représente que l'illustration d'un livre ne vaut pas la peine. Et dans ce cas je suis contre toute adaptation* » (Paul Guimard).

Et l'on s'accorde pour dire qu'il y a deux manières acceptables d'adapter un roman :

1. *En donnant un équivalent du roman.*
Grâce à un travail de transposition; il ne s'agit pas de reproduire la lettre du livre mais d'en traduire l'esprit, de trouver un style cinématographique qui permette d'obtenir un effet proche de celui produit par le livre.

Exemples : *Journal d'un curé de campagne* par Bresson; *La Marquise d'O* par Rohmer d'après Von Kleist.

2. *La trahison originale.*
Adaptation qui ne respecte ni la lettre ni même l'esprit de l'œuvre prise comme point de départ, mais aboutit à une création originale.

« *De toute façon, faire un film d'après un roman semble déjà aberrant. A moins de prendre un livre comme point de départ et d'en faire tout autre chose, s'en moquer complètement, ne pas le respecter. Mais prendre* l'Étranger, *comme Visconti, et en faire un film « fidèle », me paraît un non-sens caractérisé. Comment être fidèle à l'emploi que Camus fait du passé composé ?* » (Robbe-Grillet).

Paul Guimard, lui, pense que parfois le *miracle* se produit et qu'un film peut rendre l'esprit du livre, mais il ajoute : « *A la limite, si M. Tartempion avait fait un chef-d'œuvre qui n'ait avec mon livre d'autre similitude que le titre, j'aurais trouvé cela tout à fait défendable.* » (A propos de l'adaptation de son roman, *Les choses de la vie.*)

Conclusion

On rencontre un certain nombre de similitudes entre les problèmes que pose l'adaptation d'un roman à l'écran et les problèmes que pose la traduction d'une œuvre littéraire.

Il s'agit du même problème, celui du passage d'une langue dans une autre; et l'on parvient aux mêmes conclusions que celles auxquelles arrivent les traducteurs. Il faut accepter de trahir la lettre pour rendre l'esprit, et il vaut mieux, si l'on a à choisir, préférer une « *trahison créatrice* » à la fidélité dans la platitude.

Sujet : Un écrivain peut-il être sincère ?

Corrigé rédigé

Peut-on être sincère en écrivant ? On comprend la difficulté qu'il y a à répondre à cette question sans cesser, précisément, d'écrire. Mais cette difficulté n'est pas la seule : le contenu même de la notion de sincérité reste une énigme, pour autant que l'on cherche à en donner une définition objective. Aucune notion en effet ne se rattache davantage à l'infinie diversité de la subjectivité humaine, et l'idée de vérité suggérée par le terme de sincérité est toujours celle d'une vérité individuelle et singulière : des *Confessions* de saint Augustin à celles de Rousseau, une même volonté de dire vrai engendre des « sincérités » bien différentes. Parler avec sincérité, c'est, dans l'idéal, s'exprimer en ne trompant sur ce que l'on pense ou sur ce que l'on est ni les autres ni soi-même. Le langage des passions est sans doute ce qui se rapproche le plus de cet idéal. Mais entre la spontanéité de la parole et le travail de l'écriture, n'y a-t-il pas quelque chose comme une déperdition fatale de la sincérité ? Ou bien l'écriture permet-elle au contraire de confesser ce qu'aucune parole n'aurait osé dire ?

Telle est bien la question posée par toute confession écrite. Elle s'écrit dans le silence et la retraite. Le dialogue avec le monde s'interrompt, pour qu'apparaisse le dialogue avec Dieu (saint Augustin) ou celui avec la postérité investie d'un pouvoir ultime de jugement (Rousseau). Ainsi, chez le philosophe de Genève comme chez le Docteur angélique, la confession est adressée à un Juge. N'y a-t-il pas là quelque chose qui incite à concevoir le discours sur soi-même comme une défense de soi, et à en suspecter, par là même, la sincérité ?

Toute confession doit s'entendre comme un acte destiné à recouvrer l'estime de soi-même et d'autrui, susceptible d'avoir été perdue du fait de quelque faute, secrète ou patente, commise par celui qui se confesse. En ce sens, toute confession est une quête d'amour et ni saint Augustin évoquant le péril de nommer d'un nom toujours insuffisant la splendeur divine, ni Rousseau cherchant à rappeler à lui, par-delà un livre écrit contre la mort, ses traîtres amis et ses traîtres amours, n'échappent à ce trait. L'acte d'écriture ne semble alors être sincère que comme l'est la quête d'amour qu'il traduit : mais la véridicité du discours sur soi ne souffre-t-elle pas de ce que ce discours soit par sa fonction même un discours de séduction ?

La foi de saint Augustin et la bonne foi de Rousseau se ressemblent en ce qu'elles sont à la fois séductrices d'elles-mêmes (nous dirions aujourd'hui narcissiques) et exhibitionnistes (c'est-à-dire séductrices d'autrui).

Mais la quiétude d'Augustin, confiant en Dieu et écrivant sur une période lointaine de sa vie, ne nous retiendra pas tant ici que l'inquiétude de Jean-Jacques dont l'écriture elle-même est traversée de déchirements.

C'est en cela précisément que Rousseau nous attache : ce qu'il met à nu avec un acharnement qui ne peut laisser place qu'à la transparence, c'est sa propre misère, ses malheurs les plus intimes et les plus étouffés, comme sa propre grandeur : « *Je me suis montré tel que je fus, méprisable et vil quand je l'ai été, bon, généreux, sublime, quand je l'ai été : j'ai dévoilé mon intérieur tel que tu l'as vu toi-même. Être éternel, rassemble autour de moi l'innombrable foule de mes semblables : qu'ils écoutent mes confessions, qu'ils gémissent de mes indignités, qu'ils rougissent de mes misères. Que chacun d'eux découvre à son tour son cœur au pied de ton trône avec la même sincérité ; et puis qu'un seul te dise, s'il l'ose : je fus meilleur que cet homme-là.* »

A l'appui de cette protestation de sincérité et de ce défi, on peut convoquer tour à tour les scènes où Rousseau se peint en proie aux tourments charnels de l'adolescence, ou celle des hésitations douloureuses du désir lorsqu'il découvre avoir peur de posséder physiquement Mme de Warens.

Ce dernier passage est particulièrement étonnant, car la sincérité s'y cherche dans l'écriture : « *J'aurais voulu lui dire : non, maman il n'est pas nécessaire ; je vous réponds de moi sans cela ; mais je n'osais ; premièrement parce que ce n'était pas une chose à dire, et puis parce qu'au fond je sentais que cela n'était pas vrai, et qu'en effet il n'y avait qu'une femme qui puisse me garantir des autres femmes et me mettre à l'épreuve des tentations.* »

Cette retraite apeurée de Jean-Jacques vers sa réserve et

sa timidité enfantines traduit un sentiment dont l'authenticité ne peut guère être mise en doute. Le conflit entre des sentiments contraires, des désirs contradictoires, cette ambiguïté ou cette ambivalence, garantissent ici la volonté sans partage d'exprimer la vérité de l'âme : la phrase insatisfaite, se reprenant elle-même avec l'insistance lancinante d'un enfant cherchant maladroitement à se confier *(premièrement, et puis, que, et que)*, devient le corps même où se cherche et se réalise le dire vrai : on pourrait alors — qu'on nous passe le jeu de mots — donner à Rousseau le bon Dieu sans confession.

« *Qui que vous soyez qui voulez connaître un homme, osez lire les deux ou trois pages qui suivent, vous allez connaître à plein J.-J. Rousseau* », peut-on lire dans le septième livre des *Confessions*.

« *Osez lire* » : même défi toujours renouvelé, même injonction à lire en dépassant son courage, même appel à une lecture qui est une transgression, comme l'écriture même des *Confessions* en est une. C'est à ce second niveau qu'apparaît à présent la question de la sincérité.

Dès qu'elle occupe le champ de l'écrit, la vérité d'une confession qui cesse d'être une confidence est passible de devenir transgression; le défi lancé par Rousseau à son lecteur répond donc à la conscience qu'il possède d'un mal dont l'aveu est encore, pour la conscience moyenne, un coup de force insupportable : Rousseau triomphe du mal, par une confession hyperbolique et provocante, par l'excès même de l'aveu. La vérité qui-n'est-pas-toujours-bonne-à-dire, il l'*écrit*, et installe en cette écriture, à la manière d'un « primitif » qui assure son triomphe en exhibant l'amas considérable de ce qu'il va donner et que l'on ne pourra, espère-t-il, lui rendre en valeur égale, le don de sa sincérité et le défi à quiconque d'en prouver une aussi totale.

Il semble donc qu'un certain nombre d'éléments s'opposent, dans le cas précis de Rousseau, à une limpide sincérité de l'écriture; parmi ces éléments, nous avons choisi d'étudier de préférence ceux qui nous semblaient « intérieurs », et tenir au désir même de l'écrivain : le désir d'amour et de séduction, le désir de réhabilitation devant les hommes et de disculpation devant le Juge, le désir d'outrepasser les limites des bienséances littéraires et de lancer un défi de vérité. Ceci doit-il être alors pensé comme ce qui viendrait immanquablement adjoindre à la sincérité de l'écrivain la mesure de sa propre illusion? Doit-on dire enfin que l'écrivain ne peut avoir et donner de sa propre sincérité que l'illusion?

On répondra simplement ici que l'illusion de la sincérité et la sincérité de l'illusion sont deux termes équivalents, et que si l'illusion est sincère, c'est encore de la sincérité.

Remarques sur ce corrigé :

Ce corrigé montre que l'on peut très bien traiter un sujet général en ne se dispersant pas sur un grand nombre de références; le rédacteur s'est limité à un genre, l'autobiographie (mais genre bien choisi puisque c'est celui où le problème se pose avec le plus d'acuité) et à deux auteurs.

Les sujets 4
d'ordre général

Problèmes spécifiques de cet exercice

● *Examens concernés*

Cette rubrique concerne :

— le 3e sujet des Bacs F, G et H ;

— la discussion qui suit l'épreuve de contraction des Bacs A, B, C, D, E et D' ;

— les sujets des différents concours administratifs et professionnels.

A. *Le troisième sujet des Bacs F, G et H :*

Ce sujet porte parfois sur une question littéraire; nous renvoyons, pour ce cas, aux pages précédentes. Remarquons simplement que les problèmes littéraires sont souvent envisagés d'une manière plus « sociologique » que dans le cas de l'essai littéraire. Par exemple, on demandera de montrer comment la chanson peut être un reflet des réalités sociales ou d'analyser l'intérêt que le public peut trouver à la lecture d'ouvrages de science-fiction.

Mais d'une manière générale (85 %) ces sujets portent sur *les grands problèmes du monde contemporain.*

Il est important de rappeler que, bien qu'il s'agisse de *sujets d'ordre général,* les références à la littérature restent nécessaires; voici en effet ce que disent les *Instructions* relatives à ces trois Bacs :

Le troisième sujet demande au candidat de montrer, à propos d'une question simple, qu'il est capable d'exprimer avec logique et clarté un sentiment personnel en tirant parti de la culture acquise par lui. Sans que ce sujet implique une référence à un programme déterminé, le candidat sera invité à prendre appui sur ses lectures et, d'une manière plus générale, sur les travaux et exercices d'ordre littéraire qui ont contribué à sa formation.

B. *La DISCUSSION de l'épreuve de contraction :*

Le texte à contracter porte de plus en plus souvent sur un problème d'ordre général.

La *discussion* est une petite dissertation sur l'un des problèmes contenus dans le texte; tout ce que nous avons dit dans cet ouvrage peut donc être utilisé à propos de la discussion.

Le problème posé par le *choix du sujet* est la seule difficulté propre à cet exercice. On suivra deux principes :

— On veillera à ce que l'idée discutée soit réellement une idée du texte. Un mot isolé, extrait du texte, ne peut pas être le prétexte à tout un développement.

— On évitera de formuler le sujet d'une manière trop générale, en choisissant, par exemple, *la jeunesse, la guerre.* On s'efforcera de dégager du texte un problème plus restreint comme :

« *On prétend souvent que la jeunesse est plus apte à inventer qu'à exécuter. Cette affirmation vous paraît-elle justifiée ?* »

C. *Les concours administratifs et professionnels :*

La multiplicité et la diversité de ces examens fait que nous ne pouvons pas les passer en revue. Pour bien savoir ce qui est attendu de vous, faites ce qu'on devrait faire chaque fois qu'on se présente à un examen :

— procurez-vous les *Instructions officielles* définissant l'épreuve qui vous sera proposée, en veillant bien à ce que ces *Instructions* ne soient pas périmées;

— étudiez de près les *Annales* des années précédentes pour connaître les types de sujets le plus souvent proposés et les domaines le plus souvent abordés.

● *Types de sujets le plus fréquemment proposés au Bac*

Nous avons procédé ici, comme pour l'essai littéraire, à un relevé exhaustif dans les *Annales* des cinq dernières années (3e sujet des Bacs F, G et H; textes de contraction des Bacs A, B, C, D, E et D') et nous avons tenté ensuite de classer ces sujets par centres d'intérêt. On rencontre quelques sujets philosophiques (origine de la notion de justice, l'imagination), quelques sujets « moraux » (peut-on être sincère en société? qu'est-ce qu'un homme révolté?) ou même politiques (le principe de l'élection; les inégalités dans le monde), mais la plupart des sujets portent, comme nous l'avons dit, sur ce qu'on peut appeler *les grands problèmes du monde contemporain.*

1. *Les CHANGEMENTS propres au monde moderne* (d'une manière assez générale).
La mort du vieux monde : les métiers du village, le folklore; progrès technique et bonheur; progrès technique et aptitude au rêve; progrès technique et beauté; progrès technique et individualisme (affirmations selon lesquelles le monde moderne anéantit l'individu ou au contraire exacerbe l'individualisme); confort et bonheur.

Discussion sur certains aspects de ce monde : l'importance accordée à la nouveauté, à la vitesse; un monde du provisoire, de l'éphémère; « planétarisation » (tendance de la planète à devenir un « gros village »)

Problèmes de la qualité de la vie, de l'avenir de l'humanité. Dans cette rubrique s'insèrent aussi les problèmes relatifs à la VILLE (source de solitude ou l'inverse; rapports villes-campagne; vie dans les grandes villes).

Ces différents problèmes portent souvent sur des domaines précis :

2. *Les problèmes du TRAVAIL dans le monde moderne.*
Opposition entre anciennes et nouvelles formes de travail : le travail libre et le travail serf; artisan et ouvrier; ancien honneur et bonheur du travail; caractère aliénant du travail moderne. Le problème de la responsabilité dans le travail; le problème des *MACHINES* : dégradation des conditions de travail et de vie (ou thèse opposée).

Le choix d'un métier; faut-il avoir un second métier? Le rôle du bricolage; que signifie « être esclave de sa profession »? le rôle des travailleurs immigrés; problème de la hiérarchie et de l'autorité dans l'entreprise.

3. *Le problème des LOISIRS.*
Parfois abordé en corrélation avec les problèmes du travail.

Le *SPORT* (assez grande fréquence) : sport et société; sport et humanisme; problèmes de l'amateurisme, de l'olympisme; le culte de la vedette; la disparition du fair-play; la chasse aux records; sport et éducation; sport et jeu.

Loisirs comme possibilité de mettre en valeur les « ressources inexploitées de la personnalité »; loisirs comme compensation à un travail frustrant (bricolage) ou à la vie en ville (goût pour la campagne). Loisir favorable à l'individualisme (ou thèse opposée); définition du loisir; les mass média.

4. *Le rôle des MASS MÉDIA* (télévision, radio, cinéma, presse à grand tirage, bande dessinée).

A ce propos nombreux affrontements entre « catastrophistes » et optimistes :

— mass média source de conditionnement, transformation des individus en robots; écrasement de l'individu; nivellement culturel par le bas; source de passivité; mort de l'écrit au profit de l'oral; triomphe de l'image et de la mise en page (d'où opinions à fondement non rationnel); comment on peut mentir avec des images vraies; mort de la littérature et de la culture sous l'action des média;

— mass média favorables à une prise de conscience (en particulier du caractère planétaire des problèmes); favorables à la diversification. Grandes possibilités au service de l'éducation et de la culture. Naissance d'une nouvelle culture.

Se rattachent à cette rubrique les sujets sur la *PUBLICITÉ* (assez fréquents) et la propagande.

5. *Problèmes relatifs à certains groupes humains.*

— *Les jeunes* (rapports avec les parents; caractère contestataire; aptitude à inventer); référence à des expériences personnelles, en particulier les *VOYAGES.*

— *Les vieux ; les femmes* (éducation; inégalité).

— *Les travailleurs immigrés ;* les autres races : problème du *RACISME.*

6. *Problèmes relatifs à l'ÉDUCATION et à la CULTURE.*
Problème de l'*autorité* dans le domaine éducatif (nécessaire ou non); nécessité de l'effort (on ne s'instruit pas en s'amusant); ce qu'on apprend à l'école et ce qu'on apprend ailleurs. Éducation : écrasement ou épanouissement. Importance accordée au passé dans l'éducation. Rapports école-vie. Nécessité d'apprendre à apprendre. Rapports instruction-politique. *Parfois sujets plus « personnels » :* faites le bilan de ce que vous avez appris à l'école. Le problème de la

CULTURE GÉNÉRALE : spécialisation, apprentissage purement technique et culture générale (assez fréquent) : définition de la culture; que signifie être cultivé? Nécessité d'une culture en action; rôle de la culture. Utilité de la culture littéraire. Culture et lecture. Problèmes se rattachant à la « planétarisation » de la culture.

7. *Problèmes de l'ENVIRONNEMENT.*
L'homme en guerre contre la nature. Rapport du M.I.T.; rapports homme-nature. La pollution. Écrire une lettre à un préfet sur un cas précis de pollution.

8. *La VIOLENCE.*
Violence et non-violence. La peine de mort. La prise d'otages. Violence au théâtre et au cinéma (problème de savoir si elle stimule l'agressivité ou au contraire si elle permet un défoulement). Violence en sport; la guerre; la violence « sournoise » (« sexisme », racisme, exploitation).

9. *Sujets comparatifs.*
Travail libre et travail serf; artisan-ouvrier; travail manuel-travail intellectuel; livre-télévision; homme-animal; le savoir et la vie; Orient-Occident; enseignement primaire-enseignement secondaire; solitude en ville-solitude à la campagne; presse écrite-presse orale; certitudes-opinions; vie en classe-vie professionnelle; vedette du spectacle-vedette du sport.

Sujets proposés aux candidats de la promotion sociale.
On peut noter qu'il est fait appel davantage à l'expérience vécue des candidats (les problèmes de l'entreprise) et que les sujets ont souvent un caractère plus pratique (rédaction d'une lettre ou d'un projet.)

> *Sujet :* Vigny, et bien d'autres après lui, ont accusé la technique d'enlever au monde sa beauté. Montrez que vous comprenez cette position et expliquez la vôtre.

Remarques sur le sujet

● *Sujet simple mais dangereux*
Dès qu'il y a un sujet se rapportant à la technique, on est sûr que 50 % des candidats vont traiter le sujet : *Progrès technique et bonheur humain,* sujet sur lequel ils ont en mémoire un développement tout prêt.

Avec un tel sujet on atteint — l'expérience l'a prouvé — des proportions de 80 % ; or il ne s'agit pas de *bonheur* mais de *beauté.* C'est un bon exemple pour montrer qu'il faut lire le sujet avec attention et se limiter au problème posé.

● *Nécessité de ne pas donner dans les poncifs*
Il y a souvent — et dans les établissements scolaires particulièrement — des « idées reçues », c'est-à-dire des idées que tout le monde admet sans prendre la peine d'y réfléchir ; l'idée que l'essor des techniques a pour conséquence inéluctable la laideur fait partie de cet arsenal de lieux communs.

L'élève est à ce point conditionné qu'il dit ce qu'il pense souhaité par le professeur, plutôt que ce qu'il pense réellement. Ainsi un élève qui éprouve une grande admiration pour une moto ou une voiture n'en parlera pas dans un tel devoir, car il a le sentiment que ce n'est pas ce qu'on attend de lui. Il faut éviter de répéter sans réfléchir ce que tout le monde dit : et le mieux pour cela est de partir de vos réactions personnelles.

● *Situation de cette attitude*
Vigny exprime sa haine de la civilisation industrielle et la volonté de retrouver une nature intacte dans un poème intitulé *La maison du berger.* Il développe en particulier, dans ce poème, l'idée que les trains vont si vite qu'ils ne permettent pas de goûter la beauté du monde :

Évitons ces chemins. — Leur voyage est sans grâces
Puisqu'il est aussi prompt, sur ces lignes de fer,

> *Que la flèche lancée à travers les espaces...*
> *Adieu, voyages lents, bruits lointains qu'on écoute,*
> *Le rire du passant, le retard de l'essieu,*
> *Les détours imprévus des pentes variées,*
> *Un ami rencontré, les heures oubliées,*
> *L'espoir d'arriver tard dans un sauvage lieu.*

Cette méfiance de Vigny envers la technique est partagée par les autres poètes de son temps. Cette unanimité des poètes romantiques contre le progrès des techniques s'explique peut-être, en partie, par le fait qu'ils font en général partie d'une bourgeoisie terrienne menacée par la révolution industrielle.

Il n'était pas nécessaire de connaître ces faits pour bien traiter le problème. On pouvait faire un bon devoir sans allusions à l'œuvre de Vigny.

● *Les écrivains et la beauté du monde moderne*

A la limite ce sujet pouvait se traiter sans références littéraires ; mais ces références sont souvent appréciées. Elles sont pratiquement exigées pour les Bacs F et G.

On trouvera ci-dessous quelques exemples d'écrivains qui, à l'inverse de Vigny, ont pensé que beauté et technique n'étaient pas obligatoirement des termes antagonistes.

Baudelaire sera un des premiers à chanter la beauté du monde moderne et à insister sur la poésie des villes. Il prend par là le contre-pied des romantiques. Émile Verhaeren, autre poète du XIXe siècle, chantera avec horreur mais aussi avec enthousiasme les *Villes tentaculaires* et le progrès de l'homme. Plus près de nous, on pourrait citer Whitman, poète américain qui chante les rues de *Manhattan* ; Apollinaire et Cendrars qui écrivent des poèmes sur la tour Eiffel ; un autre Américain encore, Carl Sandburg, poète épique de la civilisation industrielle. Les chemins de fer si décriés par Vigny ont même trouvé leurs poètes. Blaise Cendrars par exemple écrit le *Transsibérien* et Valéry Larbaud fait l'éloge du train dans *Les poésies d'A. O. Barnabooth* :

> *Prête-moi ton grand bruit, ta grande allure si douce,*
> *Ton glissement nocturne à travers l'Europe illuminée,*
> *O train de luxe ! et l'angoissante musique qui bruit le*

long de tes couloirs de cuir doré...
J'ai senti pour la première fois toute la douceur de vivre
Dans une cabine du Nord Express, entre Wirballen et Pskow.

Zola lui aussi pense que le monde moderne a sa poésie :
« *Vous poètes modernes vous détestez la vie moderne. Vous allez
contre vos dieux, vous n'acceptez pas franchement votre âge. Pourquoi trouver une gare laide ? C'est très beau une gare. Pourquoi
vouloir vous envoler continuellement loin de vos rues, vers les pays
romantiques ? Elles sont tragiques et charmantes, nos rues : elles
doivent suffire à un poète.* »

On trouve chez Senghor un très beau poème sur
New York (*A New York,* dans *Éthiopiques*) où se mêlent la
méfiance traditionnelle pour la ville et l'admiration.

● *Exemple d'une introduction non traditionnelle*

Nous avons dit qu'une introduction devait être assez courte
et poser rapidement le problème. Cependant on est toujours
autorisé à prendre des libertés avec les conventions à condition de le faire avec talent.

Ainsi Viansson-Ponté, désirant poser le problème de
l'enlaidissement des paysages par la technique, commence
par une PREMIÈRE PARTIE-INTRODUCTION qui
évoque très concrètement une situation et pose ensuite le
problème.

Vous pouvez procéder ainsi, mais cette manière d'aborder
le sujet est plus difficile, car l'attention du lecteur ne doit
pas se relâcher avant la mise en place du problème.

L'article du *Monde* (26 février 1974) d'où est extrait ce
passage a pour titre *La laideur se vend bien* (allusion au livre
de Loewy, *La laideur se vend mal,* cité plus loin). Cette « première partie-introduction » constitue à peu près le quart de
l'article :

« *Une belle plaine proche de Paris, un peu à l'écart des grands
axes de communication et des futures nébuleuses urbaines. Les derniers moutonnements d'une des grandes forêts d'Île-de-France
viennent y mourir doucement, un ru la traverse, quatre villages et un
gros bourg l'encadrent. Tout ici respire le calme et l'harmonie.*

*L'agriculture reste la principale, presque la seule activité et,
malgré l'afflux des Parisiens qui ont ici leur résidence principale
ou secondaire, les paysans restent majoritaires dans la population*

comme dans les conseils municipaux, où les deux communautés sont représentées sans rivalité, en bonne entente. Chacun s'emploie de son mieux à préserver le caractère rural de la région : les agriculteurs pensent à leurs terres, les Parisiens à leur repos. Le site est « protégé ». Les autorités départementales instruisent avec sévérité et vigilance les dossiers de constructions collectives et elles font tout leur possible avec peu d'argent pour améliorer la desserte et les équipements. Rien à leur reprocher : il n'est pas d'année où elles ne rejettent, suivant l'avis des élus, deux ou trois opérations spéculatives de grande envergure qui saccageraient la nature et perturberaient la vie locale sans aucun profit pour personne, sinon quelque audacieux tricheur.

Des ingénieurs surgissent. Ils tracent avec leur équerre et leur règle un trait, un beau trait bien droit, qui coupe la plaine en deux dans sa longueur. Un an plus tard c'est fait : une imposante rangée de hauts pylônes métalliques barre l'horizon. Leur forme rappelle vaguement des « Shadoks » géants — vous savez bien, ces personnages anguleux, mi-martiens, mi-crabes, du meilleur feuilleton qu'ait jamais diffusé la télévision. Les câbles coupent la plaine. L'équilibre est rompu. Le paysage est pratiquement détruit. Aux protestations des habitants, on a opposé tour à tour les exigences du progrès, la dépense supplémentaire qu'aurait exigée la construction d'une ligne souterraine, des raisons techniques et puis, pour finir, la loi, tout simplement.

Après tout ce n'est pas si grave ! Quelques tours métalliques dans les champs, des lignes aériennes qui symbolisent la force, la puissance. Au fond cela ne nuit à personne, cela ne lèse personne, si cela choque le regard. Il y a bien pire. Pourquoi se plaindre, pourquoi faire tant d'histoires ?

Proposition de plan

(pour le sujet ci-dessus p. 102)

Introduction

La révolution industrielle et ses conséquences : chemins de fer, usines, barrages, lignes électriques qui nuisent à la beauté des paysages. D'où une levée de boucliers contre la technique : Vigny et tout le courant d'opinion qui se situe dans le prolongement de cette réaction.

Première partie : la technique contre la beauté

— Destruction des paysages (Black Country, Ruhr). Destruction des rivières, des lacs, des forêts (ou destruction de leur équilibre écologique par la pollution).

— Remplacement des produits artisanaux par des produits industriels sans âme et uniformisés.

— En effet, les exigences de la technique sont source d'uniformisation. Les grandes villes des différents continents se ressemblent comme des sœurs.

— En architecture, la volonté de construire au moindre coût (problème de rentabilité) a pour conséquence la prolifération d'immeubles laids.

A cela s'ajoute un fait souligné par Vigny : la vitesse des moyens de transport, le rythme de vie accéléré ne permettent plus la contemplation de la beauté.

Deuxième partie : la technique source de beauté

— La beauté du monde moderne chantée par les écrivains (Baudelaire, Verhaeren, Whitman, Sandburg, Cendrars, Larbaud).

— La beauté de certains produits nés de la technique :
● motos, voitures, fuselages d'avion ;
● beauté de certaines constructions modernes (immeubles, ponts, barrages).

— La beauté étant devenue un argument de vente, importance de la recherche dans ce domaine et réussites. Naissance de l'esthétique industrielle, du « design ».

Définition du « design » : « *discipline visant à une harmonisa-*

tion esthétique de l'environnement humain, la conception des objets usuels et des meubles, jusqu'à celle de l'urbanisme » (Dictionnaire LEXIS).

L'esthétique industrielle réconcilie l'utile et le beau.

« *Il y a une esthétique industrielle, en tant que les œuvres de l'industrie ont un certain genre de beauté dont l'éclosion est due non pas à une préoccupation exceptionnelle, anormale même, et sura-joutée facultativement, du réalisateur industriel ; mais à son activité spontanée, autonome, et normale* » (Étienne Souriau).

Conclusion

Si la beauté et l'utilité ont longtemps été considérées comme des termes antinomiques, nous voyons que les choses ont changé : aujourd'hui nombreux sont ceux qui pensent que la beauté provient de la parfaite adéquation d'un objet à sa fonction, et que de ce fait elle est parfaitement conciliable avec le progrès technique. On peut se demander d'ailleurs si le refus d'admettre la beauté du monde moderne ne traduit pas le refus de ce monde dans son ensemble. Alvin Toffler dans *Le choc du futur* distingue deux catégories d'individus : ceux que l'accélération du monde perturbe et inquiète, et ceux au contraire qui ont besoin de cette accélération pour s'épanouir; l'attitude en face de la beauté se superpose peut-être à cette opposition.

> *Sujet :* Expliquez et discutez cette formule de Gide : *« Envier le bonheur d'autrui c'est folie ; on ne saurait pas s'en servir. Le bonheur ne se veut pas tout fait mais sur mesure. »*

Corrigé rédigé

« Il ne suffit pas d'être heureux, il faut encore que les autres ne le soient pas », disait, avec humour, Jules Renard, stigmatisant ainsi l'attitude de ceux dont les plus grandes joies résident dans la possibilité de dépasser ou d'écraser autrui, qui confondent la volonté de bonheur avec la volonté de puissance, pour qui le bonheur n'est que le couronnement de l'envie.

C'est un peu la même attitude que critique André Gide lorsqu'il dit : « *Envier autrui c'est folie »,* mais chez lui la critique ne vient pas d'une sorte d'indignation contre la bassesse humaine : « *envier le bonheur d'autrui »* apparaît à Gide comme une inconséquence sur le plan logique ; à chaque individu ne correspond qu'une forme de bonheur possible ; même si par un coup de baguette magique l'on pouvait se voir accorder le bonheur d'autrui, « *On ne saurait pas s'en servir. Le bonheur ne se veut pas tout fait mais sur mesure ».*

A l'origine de cette réflexion est l'idée profondément gidienne que le bonheur n'est pas de l'ordre de l'*avoir,* mais du domaine de l'*être.* La possession ne peut nous apporter le bonheur ; tout d'abord parce que nous sommes souvent possédés par nos possessions ; mais surtout parce que le bonheur est un état intérieur.

L'être le plus démuni peut éprouver un très grand bonheur parce qu'il a en lui — s'il est amoureux par exemple — quelque chose qui transforme tout en merveille. Elridge Cleaver raconte, dans *Un noir à l'ombre,* comment, emprisonné et au bord du désespoir, il a vu, sans que les conditions matérielles en aient été modifiées, sa vie se transformer à la suite d'une rencontre. Et La Bruyère exprime mieux qu'aucun autre ce fait que le bonheur ne dépend pas de la possession des choses, mais qu'il est avant tout un état : « *Être avec des gens qu'on aime, cela suffit ; rêver, leur parler, ne leur parler point, penser à eux, penser à des choses indifférentes, mais auprès d'eux, tout est égal.* »

On pourrait citer aussi Rousseau, qui vit aux Charmettes avec Madame de Warens, et qui dans l'euphorie de ses vingt-quatre ans trouve tout merveilleux : « *... le bonheur me suivait partout ; il n'était dans aucune chose assignable, il était tout en moi-même.* » La vraie source du bonheur est en nous et non pas dans la possession d'objets qui nous sont extérieurs. Il est donc vain de croire que la possession de ce qui est, pour l'instant, dans la main d'autrui, réussirait à nous rendre heureux. Les exemples ne sont d'ailleurs pas rares d'êtres qui ont tout pour être heureux, sauf le bonheur.

Envier ce que les autres possèdent est donc vain, puisque le bonheur n'est pas dans la possession des choses mais dans la lumière qui les illumine. On pourrait envier cependant non pas ce qu'ont les autres mais ce qu'ils sont, envier d'être à leur place. Cet espoir serait aussi vain que le précédent, et Gide nous l'explique en disant que « *le bonheur ne se veut pas tout fait mais sur mesure* ».

Pour Gide chacun de nous est un être unique et doit connaître un certain développement. L'être épanoui est celui qui se développe selon la ligne qui est la sienne. Goethe pensait, de la même manière, que chacun de nous doit se développer selon une courbe qui lui est propre ; ce développement nous amène parfois à renier ce que nous avons été ; Goethe exprimait cette nécessité d'une sorte de développement par mutations successives dans sa formule célèbre : « MEURS ET DEVIENS. »

Le bonheur ne peut donc naître, pour Gide comme pour Goethe, que de l'accomplissement de nos potentialités ; il est inséparable du développement de notre être et se présente comme une conquête de soi par soi.

On voit donc qu'un tel bonheur n'est pas transférable d'un individu à un autre. Le seul et vrai bonheur ne peut venir que de l'accomplissement de ce qui nous est donné. Je ne peux donc pas, en restant moi-même, obtenir le bonheur d'un autre. Il faudrait accepter de n'être plus moi. Il y a une contradiction dans l'envie, que met en évidence

André Gide, contradiction qui me pousse à vouloir être autrui tout en restant moi-même.

Ces opinions sur le bonheur sont séduisantes et nous y adhérons. Il est cependant nécessaire de montrer qu'elles supposent que soit acquis un « minimum vital ». A l'homme dont l'enfant meurt de faim, à la femme torturée, ou même plus simplement aux millions de sans-emploi, ces propos paraîtraient bien futiles. Eux, ils *envient* le bonheur des autres, ils envient le bonheur de ceux qui mangent à leur faim, de ceux qui marchent libres sous le soleil, de ceux qui ont simplement du travail.

On peut même évoquer des situations moins pathétiques et penser à toutes les femmes qui, telle l'héroïne de la nouvelle *Ses trois jours* de Sembène Ousmane *, aspirent à une vie familiale normale; ou à tous ceux qui sur notre planète luttent, non pas même pour un peu plus de bonheur, mais pour un peu plus de dignité.

Il y a donc un seuil au-dessous duquel toutes les théories sur le bonheur et même toutes les théories en général s'effritent. C'est ce qu'exprimait Sartre lorsqu'il disait : « *Devant un enfant qui meurt de faim,* La Nausée *ne fait pas le poids.* » Devant un enfant qui meurt de faim, les théories de Gide sur le bonheur, elles non plus, ne font pas le poids.

Avec cette réserve — qui est de taille, il est vrai — nous admettrons l'opinion de Gide selon laquelle il n'y a de bonheur que sur mesure et dans l'épanouissement de notre propre singularité. C'est d'ailleurs le meilleur service que nous puissions rendre à autrui que de nous réaliser nous-même. Gide le disait : « *Ne peut rien pour le bonheur d'autrui celui qui ne sait pas être heureux lui-même.* »

* Romancier sénégalais. La nouvelle citée fait partie du recueil *Voltaïque* (Présence Africaine).

> *Sujet :* J. Fourastié écrit dans son livre, *Le grand espoir du XX*e *siècle :*
>
> « *Les machines modernes en prenant pour elles toutes les tâches serviles, qui sont du domaine de la répétition inconsciente, en libèrent l'homme, et lui laissent les seuls travaux qui ressortissent en propre à l'être vivant, intelligent et capable de prévision.* »
>
> Expliquez et discutez cette réflexion.

Remarques sur le sujet

● *Le sujet :* il s'agit d'un passage très souvent donné dans les examens; la connaissance du livre de Fourastié peut aider le candidat mais elle n'est pas indispensable.

Il est nécessaire de s'arrêter sur l'expression *machines modernes.* Il ne s'agit pas de la machine en général, mais de la machine du XX\e siècle (machine se réglant elle-même; entièrement automatique; ordinateurs; domaine de l'automation), que Fourastié oppose à la machine du XIX\e siècle, laquelle contraignait l'homme à se transformer lui-même en machine.

On trouve une bonne satire de cette mécanisation de l'homme par la machine dans le film de Charlie Chaplin, *Les Temps modernes.*

On trouvera de bonnes critiques de la thèse de Fourastié dans l'ouvrage de Friedmann, *Le travail en miettes* (Gallimard/Idées).

● *Exemple d'introduction*

L'introduction et le développement des machines dans la production industrielle ont profondément transformé les rapports de l'homme et du monde, bouleversant à la fois les rapports de l'homme avec la nature et les rapports des hommes entre eux. En général, contrairement aux espoirs suscités, cette invasion des machines s'est traduite par une dégradation du milieu et une dégradation des conditions de vie pour le plus grand nombre. On hésite de ce fait à associer l'essor du machinisme à une « libération » de l'homme et à affirmer avec Fourastié : « *Les machines modernes...* » (citation complète).

Proposition de plan

(pour le sujet ci-dessus p. 111)

Introduction

Bouleversement des structures sociales par le machinisme, se traduisant souvent par une dégradation des conditions de vie; d'où hésitations à suivre Fourastié lorsqu'il affirme : citation de la phrase à commenter.

Première partie : examen de la thèse de Fourastié

A. *Refus d'un éloge sans réserves de la machine.*
Entamer dans l'absolu l'apologie de la machine libératrice relèverait d'une naïveté peu accordée aux réalités.

— *La création remplacée par la fabrication.*
La machine produit un grand nombre d'objets dans un temps très court; pas de véritable participation de l'ouvrier à la réalisation de l'objet qui arrive au bout de la chaîne. Différence avec l'artisan qui conçoit et réalise, et pour qui l'investissement subjectif est beaucoup plus important.

— *La mécanisation des tâches.*
L'usage tayloriste de la machine fondé sur sa rentabilisation maximum a introduit :
● la parcellisation des tâches (le « *travail en miettes* ») ;
● la mécanisation des gestes ;
● les cadences de production.

— *L'aggravation des conditions de travail.*
En particulier pour les femmes et les enfants.

● Au XIXᵉ siècle, en Angleterre : enfants obligés de rester debout devant les fours des verreries même pendant leurs repas.

● En France, à la même époque, enfants utilisés pour travailler sous les métiers à soie à cause de leur petite taille; tous difformes lorsqu'ils arrivent à l'âge adulte (les autorités s'émeuvent lorsqu'elles constatent que l'on doit refuser 90 % des jeunes gens issus de ces milieux (canuts de Lyon) au conseil de révision.

B. *Mais Fourastié parle de la « machine moderne ».*
Il ne parle pas de la machine en général, mais oppose la

machine moderne du xxᵉ siècle à celle du xixᵉ siècle. La machine moderne supprime la mécanisation des tâches.

— *Sur le plan physique.*

La répétition de gestes identiques est supprimée : la machine moderne fait ces gestes mieux et plus vite; l'automation libère l'homme des tâches répétitives.

— *Sur le plan intellectuel.*

Les machines modernes (machines à calculer, ordinateurs) suppriment un grand nombre de tâches mécaniques :

— tri et recherche de documents;

— établissements de statistiques; calculs divers.

Donc, à première vue : confirmation de la thèse de Fourastié; les reproches qu'on a faits, et que l'on fait encore aujourd'hui, à la machine, concernent la préhistoire de la machine et non son histoire présente et future.

Deuxième partie : critique de la thèse de Fourastié

Un fait acquis : la profonde différence de nature entre les machines du xixᵉ siècle et celles du xxᵉ. Mais :

— *La machine moderne est loin d'avoir supprimé le travail « bête ».*

Exemples : le travail des employés de banque s'est à ce point morcelé qu'il a perdu une grande partie de son intérêt. Le travail d'une claviste (entrant des données dans un ordinateur) est sans intérêt; il s'agit d'une tâche purement mécanique.

— *Déplacement du problème de l'ouvrier au technicien.*

On se contente de former des techniciens dont le savoir en vient rapidement à se limiter aux gestes qu'il faut accomplir : déqualification du technicien comparable à celle de l'ouvrier au moment de l'introduction massive des machines dans l'industrie.

« *Chez Ford la plupart des régleurs sont désormais des manœuvres promus du rang, parfois issus de la chaîne, affectés à une seule machine et capables de faire face à un nombre strictement limité d'incidents, sept en moyenne* » (Friedmann, *Où va le travail humain ?*).

— *Le monde de l'automation à 100 % est encore bien lointain.* En fait le domaine de la machine traditionnelle est en extension; car si l'automation fait des progrès, la machine traditionnelle — en particulier dans les pays du Tiers Monde — continue de conquérir de nouveaux secteurs.

« *Il n'est pas davantage question d'oublier que le secteur des travaux à la chaîne, des tâches répétées et parcellaires, pénibles, psychiquement exténuantes, demeure immense ; ce qu'il perd dans les sociétés économiquement évoluées, il semble même le regagner, provisoirement au moins, dans les pays du Tiers Monde aux premières étapes de leur industrialisation* » (Friedmann, *Où va le travail humain ?*).

Si on prend l'expression *libère l'homme* dans un sens large, on constate que la *machine moderne* (technologie de pointe) accentue souvent la dépendance du Tiers Monde par rapport à l'Occident, et en ce sens ne constitue pas un facteur de *libération*. D'où parfois dans ces pays une préférence pour la machine de type traditionnel. On pouvait signaler ce point au passage mais sans s'y attarder puisque le problème est posé dans une perspective différente de celle de Fourastié.

Conclusion

Un fait certain : une évolution des machines qui rend caduques un certain nombre de critiques. Mais nécessité de ne pas tomber dans un triomphalisme naïf; de nombreux problèmes se sont simplement déplacés. Nécessité aussi de ne pas limiter les problèmes à des questions purement techniques.

Mais conviction que l'homme saura se libérer des techniques en apprenant à les dominer, et qu'elles contribueront à sa libération.

Sujet : Expliquez et discutez cette réflexion de Lanza del Vasto extrait de *Le pèlerinage aux sources (1943)* « *Ceux qui veulent le bien des travailleurs devraient se soucier moins de leur obtenir un bon salaire, de bons congés, de bonnes retraites, qu'un bon travail qui est le premier de tous les biens.* »

Proposition de plan

Introduction

Nouvelles idées relatives aux conditions de vie : « *le bonheur en plus* » ; la « *qualité de la vie* ».

Les revendications ne portent plus seulement sur la quantité (durée du travail, salaires, durée des congés) mais sur la qualité (conditions de travail, de transport, de logement ; état de l'environnement ; nature des rapports entre les individus). Semblant traduire à l'avance cette préoccupation Lanza del Vasto affirmait en 1943 ; citation : problème.

Première partie : le mauvais travail

L'impératif de *rentabilité* maximale a eu pour conséquence le *taylorisme,* qui s'est traduit par une nette dégradation des conditions de travail :

— parcellarisation des tâches (le « travail en miettes ») ;

— la mécanisation des tâches (les ouvriers amenés à répéter les mêmes gestes sont transformés eux-mêmes en machines ; satire de ce phénomène dans le film de Charlie Chaplin *Les Temps modernes*) ;

— travail à n'importe quelle heure (système des 3 × 8) ;

— cadences accélérées ;

— absence de toute initiative : (à un ouvrier qui lui disait qu'il n'avait pas le temps de penser, Taylor répondit : « *Vous n'êtes pas là pour penser ; il y a des gens qui sont payés pour ça.* » On ne peut mieux exprimer la séparation qu'il y a dans les grandes entreprises entre la *conception* (un petit groupe) et l'*exécution* (la masse des employés) ;

— négligences en ce qui concerne la sécurité : (parce que

les mesures de sécurité coûtent cher et prennent du temps ; d'où nombreux accidents du travail).

Donc par rapport au XIXe siècle les salaires augmentent, les durées de travail diminuent, mais la nature du travail tend à se dégrader ; ce qu'on gagne d'un côté, on le perd de l'autre.

Deuxième partie : nécessité d'améliorer les conditions de travail

A. Qu'est-ce qu'un bon travail?

Le travail peut n'être pas subi comme un châtiment (cf. « *Tu gagneras ton pain à la sueur de ton front* », à la suite de la faute originelle) ; il peut même être une source de satisfaction, mais aux conditions suivantes :
— diversité des tâches ;
— réflexion personnelle ;
— possibilité d'initiative ;
— possibilité d'enrichissement au niveau des connaissances ;
— travail dans lequel puisse se manifester l'esprit créateur de l'homme.

Aspects qui ne se rencontrent plus aujourd'hui que dans le haut de la hiérarchie, mais qui existaient à tous les niveaux dans les anciennes formes de travail.

B. Nécessité d'une amélioration des conditions de travail

Elle est ressentie par tous. Un certain nombre de tentatives ont été faites dans ce sens :

— *abandon du travail à la chaîne.*

Un certain nombre d'ouvriers sont chargés de monter des voitures ou des téléviseurs ; ils s'organisent à leur guise. Les résultats ont été assez encourageants. Sur le plan psychologique, satisfaction d'un travail dont on perçoit le sens et dont on est responsable ; sur le plan de la rentabilité, moins d'absentéisme, plus grande stabilité du personnel. Mais ce mouvement reste pour l'instant marginal.

— transformations des rapports de l'homme à son travail :

Dans certains pays, une part d'initiative est laissée à l'ouvrier, qui peut même avoir la possibilité d'apporter des modifications à sa machine.

Possibilité aussi pour lui de devenir grâce à son propre travail, à sa propre créativité, technicien, ingénieur, voire inventeur.

D'une manière générale, on arrive à un seuil : prise de conscience de ce que le fait d'avoir trop négligé les exigences de la nature humaine, et en particulier *le besoin de créer,* entraîne des conséquences désastreuses sur le plan humain et même sur le plan de la stricte rentabilité.

Troisième partie : nuances nécessaires

Il y a une grande part de vérité dans l'affirmation de Lanza del Vasto ; cependant :

— cette revendication peut ne correspondre qu'à une nostalgie du passé :

C'est le cas de Lanza del Vasto qui préconise le retour à la terre et à l'artisanat : chacun tisse ses habits et produit sa nourriture. Vie en communauté.

Il s'agit là d'une pure utopie pour la raison bien simple que la roue de l'histoire ne tourne jamais à l'envers. (Rousseau avait l'un des premiers énoncé ce principe de l'*irréversibilité de l'histoire.*)

Il faut donc tenir compte des problèmes de la *qualité de la vie* mais sans vouloir, pour autant, abandonner certains avantages de la technologie.

— les revendications sur la qualité du travail et celles sur le salaire ne sont pas antagonistes :

Ces revendications sur la qualité et sur la qualité ne s'opposent pas. Il ne faut donc pas dire qu'on doit s'occuper *plus* de la qualité du travail que du montant du salaire ou de la durée des tâches, mais dire qu'il faut s'occuper *autant* de l'un que de l'autre ; et toujours envisager ces deux aspects dans leur imbrication.

Conclusion

Vérité de l'affirmation de Lanza del Vasto, mais nécessité de la nuancer et de bien préciser qu'il ne s'agit pas de vouloir retrouver une sorte d'âge d'or pré-technologique. Justement dans la mesure où elle nous libère d'un certain nombre de contraintes, la technique doit permettre de redonner au travail sa dignité : un travail créateur dans lequel l'homme se fait en faisant.

Sujet : En 1937 Georges Duhamel développait dans *Défense des lettres* une thèse qu'on peut résumer ainsi :

Les « *arts dynamiques* » (radio, cinéma) nous entraînent dans leur mouvement et ne nous permettent ni de nous arrêter pour réfléchir, ni de revenir en arrière, ni même de choisir. Encourageant ainsi la passivité ils sont, à l'inverse de la lecture, un obstacle à une formation culturelle véritable.

Expliquez et discutez cette idée.

Proposition de plan

Introduction

Il semble que toute innovation culturelle doive être toujours signalée d'une façon décisive par ceux-là mêmes qui par réaction ou frayeur s'attachent à la défense des anciennes formes : ainsi voyons-nous dans la *Défense des lettres,* ouvrage où Georges Duhamel expose des vues pessimistes sur la radio et le cinéma — devenus selon lui des menaces pour la culture, abolissant la réflexion, la possibilité de réexamen, la liberté de choix, et favorisant la passivité — l'indice le plus net d'une irrésistible ascension des « arts dynamiques ».

Tout en reconnaissant le bien-fondé des mises en garde de Duhamel, on est cependant amené à se demander si une opposition où l'on fait de la lecture le domaine du choix et de la participation, donc de la culture, et où d'autre part on assimile l'utilisation des médias audiovisuels à la passivité, donc à l'inculture, n'est pas un schéma outré et sans véritable fondement.

**Première partie : explication
et arguments en faveur de la thèse de Duhamel**

A. *Explication.*
Le lecteur peut s'arrêter au cours de sa lecture, revenir en arrière, reprendre son livre le lendemain. Il y a de sa part *choix, réflexion.* De ce fait la lecture est un véritable moyen de culture.

Au contraire, les *arts dynamiques* (arts du mouvement comme la radio ou le cinéma) nous imposent leur propre rythme ; les auditeurs ou les spectateurs sont réduits à une pure *passivité*. Il n'y a pas de *choix*, pas d'*activité* de l'intelligence. En ce sens il y a une incompatibilité entre l'attitude du consommateur des « arts dynamiques » et les exigences de la culture, laquelle implique une réflexion personnelle.

« La machine insensible n'arrête pas et ne répète pas. La réflexion semble incompatible avec les nouveaux moyens donnés aux foules pour se faire une âme. Le cinéma et la radio ne répètent pas. Ils marchent, ils coulent, ils se précipitent. Je l'ai dit, ce sont des fleuves. Et que charrient ces fleuves : un mélange détestable ou l'on rencontre souvent le pire et rarement le meilleur sans pouvoir les séparer (Duhamel, *Défense des lettres*).

B. *Un élément nouveau par rapport à* 1937, *qui semble confirmer les craintes de Duhamel :* LA TÉLÉVISION.
L'importance prise par la télévision dans la vie de nos contemporains semble à première vue confirmer les affirmations de Duhamel.

a. *Télévision contrôlée par l'État :*
Soit qu'il n'existe qu'une seule chaîne, soit qu'il existe un monopole, dans de nombreux pays l'État a le contrôle de la télévision : il s'agit plus d'« informer » au sens de « donner forme » à l'opinion que d'informer au sens de renseigner. Cette restriction du choix, qui s'ajoute à la restriction du choix inhérente à la nature de ce nouvel « art dynamique », n'est pas un facteur très propice à la vie intellectuelle.

b. *Fascination du petit écran :*
On a constaté, surtout dans les débuts, une véritable fascination exercée par la télévision, d'où une certaine oblitération du sens critique.

Conclusion sur la première partie
Les mass-média, et en particulier ce que Duhamel appelle les « arts dynamiques », peuvent effectivement être une source de dépersonnalisation et favoriser un conditionnement des masses — les sociologues parleraient de « massification » — plus qu'une véritable accession à la culture.

Deuxième partie : critique de cette thèse

A. *Remise en question de l'opposition*
   LECTEUR/AUDITEUR-SPECTATEUR

L'opposition entre le lecteur (qui s'arrête pour réfléchir, revient en arrière, choisit) et le spectateur ou l'auditeur (qui se contente d'absorber) est un peu outrée.

● Il y a aussi des lecteurs qui ont le respect sacré de la chose écrite; des boulimiques de la lecture; des gens qui lisent d'une manière mécanique sans une véritable réflexion.

« *Beaucoup de gens lisent comme on tricote* » (A. de Sertilanges).

● L'auditeur et le spectateur ont une possibilité de choix au départ : choix d'une émission; choix d'un film.

On peut « revenir en arrière » en revoyant un film ou simplement en réfléchissant sur les souvenirs qu'on a du film.

Le cinéma, par ailleurs, exige de plus en plus une activité, et même une agilité, de la part du spectateur.

« *Le cinéma exige du spectateur une certaine technique spéciale de l'art de deviner ; au fur et à mesure que progressera le cinéma, cette technique se compliquera.* » (Eikhenbaum, 1927).

La compréhension d'un film n'est pas quelque chose qui va de soi; à la suite de la projection d'un film de C. Autant-Lara adaptant le roman de Radiguet, *Le diable au corps* (film qui se présente comme un enterrement interrompu par un certain nombre de flashes-back qui expliquent comment on en est arrivé là), des personnes interrogées dirent qu'elles avaient aimé le film, mais qu'elles ne comprenaient pas pourquoi on y avait inséré quatre enterrements.

B. *Un jugement prématuré.*

Duhamel prend une maladie de jeunesse pour quelque chose de définitif; or :

● On constate qu'après une phase de ravissement béat l'homme s'adapte aux média : on choisit les émissions; un certain contact public-producteurs s'établit (un million de coups de téléphone en un mois pour une émission aux États-Unis). Les émissions ou les films sont suivis souvent d'une discussion (pratique systématisée dans les ciné-clubs). Les média ne transforment pas leurs adeptes en robots comme le voulait Duhamel.

● Un certain nombre d'inventions ont rendu caduques les critiques de Duhamel : l'électrophone, le magnétophone, le magnétoscope permettent de « choisir » et de « revenir en arrière ».

La télévision par câbles ouvre par ailleurs des possibilités de création.

● Caractère complémentaire du livre et des « arts dynamiques ».

Les « arts dynamiques », qui eux-mêmes font une grande consommation d'ouvrages écrits, n'ont pas fait diminuer la lecture, au contraire. Le spectateur achète souvent un livre en rapport avec une émission qui l'a intéressé; la réflexion, pour venir après coup, n'en garde pas moins sa valeur.

Conclusion relative à la deuxième partie
L'opposition entre la *lecture,* domaine de l'effort, donc de la culture, et les « arts dynamiques », domaine de la passivité, donc de l'inculture, est une opposition artificielle sans véritable fondement.

Conclusion

Les risques d'une sorte d'asphyxie culturelle sous l'action des « arts dynamiques » ne sont pas purement imaginaires et le cri d'alarme de Duhamel pas tout à fait inutile. Il faut pourtant reconnaître que ces risques ont été bien exagérés, que les « arts dynamiques » peuvent être un moyen de culture à l'égal du livre, et même souhaiter que l'école, qui les a jusqu'ici boudés, leur ouvre plus largement ses portes. Cela pourrait être, comme l'écrit Michel Tardy dans *Le professeur et les images,* l'occasion d'une « *passionnante aventure pédagogique* ».

Sujet : Un sociologue contemporain écrit que *« la publicité est l'ultime violence du monde moderne, en ce qu'elle porte à désirer l'indésirable ».*
Commentez cette affirmation.

Proposition de plan

Introduction

Toute consommation économique répond-elle à un besoin économique ?

Répondre à cette question suppose que l'on ait préalablement évalué la nécessité d'un bien économique, ce qui ne peut se faire sans tenir compte de la diversité des contextes. On peut reformuler la question ainsi : toute consommation d'un bien économique ou d'un produit correspond-elle à une demande *spontanée* du consommateur ? Or c'est cette spontanéité qui est rendue problématique par l'existence de la publicité : un sociologue écrit à ce propos que *« la publicité est l'ultime violence du monde moderne en ce qu'elle porte à désirer l'indésirable ».*

Ceci nous conduit à la frontière de l'économique et du psychologique.

Première partie : désirer l'indésirable

A. Tout bien de consommation peut être l'objet d'une *demande* : cette demande peut correspondre

— *à un besoin :* répondre à une exigence biologique ; par exemple le besoin de se nourrir ;

— *à un désir :* répondre à une exigence d'ordre culturel ; par exemple le désir de prestige.

En fait il est très difficile d'établir un clivage précis ou une hiérarchie entre l'une et l'autre de ces exigences. Souvent même, d'une manière paradoxale, les exigences culturelles prennent le pas sur les exigences biologiques.

Les économistes ne font pas de distinction : ce sont les unes comme les autres des *besoins* qui sont à l'origine d'une *demande.*

« *Que ces besoins aient pour origine l'estomac ou la fantaisie, leur nature ne change rien à l'affaire* » (Marx).

B. Le développement technologique et le dynamisme du système occidental obligent à produire de plus en plus. Les besoins étant satisfaits, cette production serait condamnée à la stagnation si une nouvelle *demande* ne se créait pas.

Le rôle de la publicité va être de créer cette demande en suscitant chez les consommateurs des *désirs;* de rendre un certain nombre de biens *désirables.*

(Ainsi la ménagère qui pourrait très bien se contenter d'un ouvre-boîtes à 2 francs va sous l'action du « matraquage » publicitaire se sentir obligée d'acheter un ouvre-boîtes électrique à 50 francs.)

« *C'est la production qui crée le besoin* » (Henry Ford).

La publicité suscite donc une demande d'objets dont l'utilité en valeur absolue est souvent contestable; la volonté d'acquérir les objets qu'elle vante finit par détourner les hommes de l'essentiel (voir sur ce point le roman *Les choses* de Georges Perec, Collection *J'ai lu*). En envisageant le problème de cette manière on peut donc dire à juste titre que la publicité incite *à désirer l'indésirable.*

Deuxième partie : l'ultime violence

La publicité est une violence car les procédés qu'elle emploie pour susciter le désir sont d'une nature insidieuse :

— répétition obsédante;

— valorisation du produit par l'apport fictif d'une satisfaction de vanité (cigarettes associées à des milieux prestigieux : aristocrates, pilotes d'avion);

— scansion visuelle ou auditive (Dubo, Dubon, Dubonnet);

— présence partout (même au sommet des montagnes ou sur du papier hygiénique);

— présence à tous moments ; presque le caractère d'une agression (interruption des films projetés à la télévision par des spots publicitaires sur le modèle américain) ;

— utilisation des techniques issues de la psychologie moderne pour agir sur l'inconscient (on a beaucoup parlé, en particulier, du procédé qui consiste à insérer de brèves images dans un film, images que l'œil n'a pas le temps de percevoir mais que le cerveau enregistrerait; d'où action sur l'inconscient. Le point sur cette question n'est pas fait à l'heure actuelle);

— tendance des publicitaires à jouer sur la confusion entre la propagande et la publicité; par exemple, à la télévision, sont rangées sous la même rubrique « PUBLICITÉ » les campagnes de propagande qui cherchent à modifier les comportements, sans objectif commercial (« apprenez le geste qui sauve », lutte anti-tabac, anti-alcool, campagne en faveur du port de la ceinture de sécurité, etc.) et les campagnes de publicité dont le but est de vendre un produit déterminé. Le public ne fait pas toujours bien la différence entre ces deux domaines.

Donc, sans mettre cette violence sur le même plan que la torture ou la destruction militaire, on peut dire que la publicité est une VIOLENCE parce qu'un véritable VIOL des consciences, un véritable viol des personnalités : *l'ultime violence,* c'est alors la persuasion dans laquelle se trouve le consommateur que le désir qu'il réalise en achetant est le fruit de sa spontanéité, qu'il agit librement, qu'il est seul à se déterminer devant le choix qu'il opère parmi les biens de consommation; sentiment illusoire car au moment même où il croit agir librement il est presque aussi *conditionné* que l'était le chien de Pavlov.

Troisième partie : nuances et remèdes

Si on donne à *ultime* le sens de « dernière en date », et si on fait sur le mot violence les réserves faites plus haut, on est amené à admettre que la formule que nous venons d'expliquer est assez riche et assez juste. Il est cependant possible de nuancer ce point de vue un peu partial.

A. Nuances

1. Certains comportements suscités par la publicité correspondent à l'intérêt des consommateurs (par exemple, le développement de l'hygiène, l'installation de salles d'eau dans les milieux ruraux, ont sans doute été stimulés par la publicité relative à ces domaines contenue dans les journaux féminins).

2. Si la publicité utilise des procédés de plus en plus raffinés, le consommateur devient de son côté plus averti et de ce fait moins malléable. On peut ajouter que sa sensibilité aux incitations de la publicité s'émousse et qu'il devient de ce fait moins vulnérable.

3. Les campagnes de propagande faites dans l'intérêt du consommateur ont bénéficié des techniques mises au point par les publicitaires.

4. La publicité existe aussi dans les pays socialistes; après une période d'hostilité à la publicité (attitude qui correspond à celle exprimée dans la formule que nous commentons) ces pays ont adopté un point de vue beaucoup plus modéré. Il n'y a pas de meilleure preuve à cela que la comparaison de ces deux définitions données à trente ans d'intervalle. En 1941 la Grande Encyclopédie soviétique définissait la publicité comme « *le moyen d'escroquer les gens en leur faisant acheter des biens fréquemment inutiles ou de valeur douteuse* ». Dans l'édition de 1972 de la même encyclopédie, la publicité est définie comme « *l'art de populariser des biens, de faire connaître leurs qualités, leurs caractéristiques, leur mode d'emploi et leurs points de vente aux consommateurs* ».

B. Remèdes

A. *Une action au niveau des lois*
Lois qui obligeraient le producteur à informer exactement le consommateur sur la nature du produit (composition, origine, date de fabrication, quantité exacte).
B. *Une action au niveau des consommateurs*
Existence d'associations de consommateurs indépendantes qui informent exactement le consommateur :
— tests précis sur les produits
— dénonciation des publicités abusives;
— information sur les produits toxiques.
Le rôle de ces associations est aussi de défendre le consommateur :
— assistance pour une action auprès des tribunaux,
et de procéder à des concertations avec les producteurs.

Exemples :
Action de Ralph Nader aux U.S.A.; Union Fédérale des

Consommateurs (revue *Que choisir ?*) en France et nombreuses autres associations.

Le rôle de ces associations est appelé à devenir de plus en plus important. Les consommateurs prennent conscience progressivement du fait que devant des producteurs très organisés, il faut qu'ils soient eux aussi très organisés.

Conclusion

Intérêt de cette formule qui exprime avec vigueur les dangers de la publicité et en même temps traduit une prise de conscience propre à rendre moindres ces dangers eux-mêmes ; prise de conscience qui amène les consommateurs non pas à condamner la publicité mais à exiger une publicité plus objective. Vœux pour que la « publicité analytique » des associations de consommateurs devienne le moteur essentiel de l'orientation des marchés.

Sujet : Parlant de l'émancipation des femmes, Freud écrit en 1883 :

« *Mais je crois que toute réforme légale ou administrative avortera du fait que, bien avant que l'être humain soit en âge d'accéder à une position dans la société, la Nature a déterminé à l'avance la destinée de la femme en termes de beauté, de charme et de douceur.* »

Qu'en pensez-vous ?

Proposition de plan

Introduction

La femme s'est vu longtemps dans notre société refuser le statut d'être humain à part entière. Elle n'avait pas les mêmes droits que l'homme et le Code Napoléon la classait parmi les irresponsables avec les enfants et les aliénés. Si aujourd'hui, sur le plan légal, les choses se sont améliorées, la femme continue dans certains pays d'être traitée en mineure.

Deux tendances s'affrontent dans l'interprétation de cet état de fait. Il y a d'une part ceux qui pensent qu'il ne s'agit là que d'une situation historique, donc susceptible de modification. Et d'autre part ceux qui pensent qu'il s'agit, au contraire, d'une situation inhérente à la nature de la femme, donc impossible à changer. C'est en particulier l'attitude de Freud qui écrit : « *Mais je crois que toute réforme légale ou administrative avortera du fait que, bien avant que l'être humain soit en âge d'accéder à une position dans la société, la Nature a déterminé à l'avance la destinée de la femme en termes de beauté, de charme et de douceur.* »

Première partie : critique de cette thèse

La femme semble avoir pour Freud un destin tout tracé : être une « *femme-poupée* », les tâches sérieuses étant réservées aux hommes.

Ceux qui refusent la thèse soutenue par Freud admettent l'existence d'un comportement féminin propre caractérisé par le désir de séduction et même souvent un sentiment de dépendance par rapport à l'homme. Mais la différence fondamentale est la suivante :

— Pour Freud, ces comportements sont inscrits dans la nature biologique de la femme, dans son patrimoine génétique.

De ce fait ce sont des comportements figés, impossibles à changer. La femme est déterminée biologiquement à être une poupée et à n'être que cela. Il y a un « éternel féminin » et toutes les réformes n'y changeront rien.

— Ceux qui s'opposent à la thèse de Freud, laquelle doit être en vérité resituée dans son contexte socio-historique, refusent cette explication du comportement de la femme par la biologie.

Pour eux la part de la biologie dans le comportement de la femme est très faible. Ce qui est essentiel, au contraire, c'est le conditionnement auquel celle-ci est soumise dès son plus jeune âge. Si par exemple elle s'est fait une spécialité de l'art de séduire (« *beauté* », « *charme* », « *douceur* »), c'est que c'était la seule solution qui lui était laissée pour jouer un rôle dans une société dominée par les hommes, et que dès ses premières années elle a été préparée à ce rôle. Et si elle s'avère, à un moment donné, *inférieure* dans certains domaines, ce n'est pas — hormis en sport — pour des raisons qui tiennent à sa nature de femme; c'est le résultat de la situation qui lui est faite dans la société.

(A titre documentaire voici l'exposé de ce point de vue par Simone de Beauvoir; il ne s'agit pas, évidemment, de retenir ce passage par cœur. Il faut en retenir la substance et observer au passage la manière dont Simone de Beauvoir développe son argumentation) :

« *L'éternel féminin* » *c'est l'homologue de l'* « *âme noire* » ...|... *Il y a de profondes analogies entre la situation des femmes et celle des Noirs : les unes et les autres s'émancipent aujourd'hui d'un même paternalisme et la caste naguère maîtresse veut les maintenir* « *à leur place* », *c'est-à-dire à la place qu'elle a choisie pour eux; dans les deux cas elle se répand en éloges plus ou moins sincères sur les vertus du* « *bon Noir* », *à l'âme inconsciente, enfantine, rieuse, du Noir* « *résigné* », *et de la femme* « *vraiment femme* », *c'est-à-dire frivole, puérile, irresponsable, la femme soumise à l'homme. Dans les deux cas, elle tire argument de l'état de fait qu'elle a créé. On connaît la boutade de Bernard Shaw :* « *L'Américain blanc, dit-il en substance, relègue le Noir au rang de cireur de souliers : et il en conclut qu'il n'est bon qu'à cirer des souliers.* » *On retrouve ce cercle vicieux en toutes circonstances analogues : quand un individu ou un groupe d'individus est maintenu en situation d'infériorité, le fait est qu'il est inférieur ; [...] le problème c'est de savoir si cet état de choses doit se perpétuer* » (Simone de Beauvoir, *Le deuxième sexe*).

Conclusion sur cette partie

Le grand reproche qu'on peut faire à la thèse de Freud est qu'elle considère comme *naturels* et *immuables* des faits qui sont *culturels* et *susceptibles de modification*.

A cette invention des hommes qu'est l'« éternel féminin », Simone de Beauvoir répond par une formule paradoxale mais riche de sens : « *On ne naît pas femme : on le devient.* »

Deuxième partie : le problème des réformes

On comprend très bien que les conceptions de Freud sur l'« éternel féminin » aient pour conséquence un certain scepticisme quant aux réformes légales et administratives. Mais si on adopte le point de vue opposé, on est porté au contraire à accorder toute leur importance aux réformes.

A. « *On ne peut mûrir pour la liberté que dans la liberté.* »
Même s'il était vrai — ce qui est faux — que la femme n'ait pas un degré de maturité suffisant pour accéder à un statut équivalent à celui de l'homme, on peut toujours répondre que ce n'est pas en la maintenant en tutelle qu'on changera les choses; la mise en tutelle étant justement « infériorisante ». C'est au contraire en lui donnant une égalité de chances qu'on lui permettra d'acquérir une égalité d'aptitudes. Pour reprendre une formule de Kant : « *On ne peut mûrir pour la liberté que dans la liberté.* »

B. *Nécessité d'une égalité — et même parfois d'une certaine inégalité — au niveau des lois.*
Tout en reconnaissant que la réforme légale n'est pas suffisante, et « *qu'il est plus facile de changer les lois que de changer les cœurs* », il faut que soient données aux femmes les mêmes chances qu'aux hommes.

A la limite on peut même soutenir la thèse (concrétisée dans les faits en Chine et dans certains pays du Tiers Monde) qu'une véritable égalité dans les faits exigerait une certaine inégalité (en faveur de la femme) dans les lois. Le poids de la tradition est en effet si fort, la plupart du temps, que les réformes légales ne sont pas suivies d'effet. L'inégalité juridique aurait pour but de compenser le handicap sociologique de la femme.

Exemples de lois « inégales » :

Chine : *Loi sur le mariage. Article* 18 : L'homme ne peut demander le divorce pendant que sa femme est enceinte, ni dans l'année qui suit l'accouchement, mais la femme enceinte ou nouvelle accouchée peut divorcer.

Afrique : dans certains pays d'Afrique, le total exigé pour l'entrée en sixième est moins élevé pour les filles que pour les garçons.

En France, hommes et femmes ont en théorie (sur le plan légal) les mêmes droits d'accès au travail, mais il se pratique une véritable ségrégation dans les faits : une femme docteur en sciences économiques ou en chimie aura dix fois plus de peine à trouver un emploi qu'un homme ayant des diplômes équivalents. En un certain sens, seules des lois inégales pourraient instaurer l'égalité.

Conclusion sur cette partie

Nécessité des réformes tout en précisant bien que l'égalité en droit ne signifie pas l'identité. L'homme et la femme peuvent devenir égaux en restant différents et complémentaires.

Conclusion

Freud, qui fit pourtant œuvre de pionnier en psychothérapie, soutient donc, à propos de l'émancipation de la femme, des idées apparemment rétrogrades; aucun savant n'oserait aujourd'hui — pour des raisons morales mais aussi pour des raisons scientifiques — soutenir une position semblable à la sienne. Beaucoup d'hommes, par contre, malgré les démentis apportés par les faits et la science, continuent de défendre cette thèse qui réduit la femme au rôle d'une « *esclave parée* ». On constate que ce sont souvent, comme les racistes, des médiocres qui ont besoin de trouver plus médiocres qu'eux. Plus un homme est bête, moins il trouve les femmes intelligentes *.

* La formule finale est une allusion à la phrase de Gide : « *Plus un Blanc est bête, moins il trouve les Noirs intelligents.* »

> *Sujet :* Commentez sous la forme d'un devoir composé cette réflexion faite, il y a une soixantaine d'années, par Léon Bloy :
> *« Je crois fermement que le sport est le plus sûr moyen de produire une génération de crétins malfaisants. »*

Corrigé rédigé

Les intellectuels font souvent preuve d'un certain mépris pour les sportifs. La condamnation prend même parfois une tournure quasiment politique; le sport n'est plus perçu comme une activité pratiquée par des adultes qui veulent retrouver l'esprit d'enfance, mais comme une activité qui maintient ses adeptes à un stade infantile et constitue de ce fait une grave menace pour la société. C'est ce qu'exprimait par exemple Léon Bloy lorsqu'il écrivait au début de ce siècle : « *Je crois fermement que le sport est le plus sur moyen de produire une génération de crétins malfaisants.* »

En utilisant plus tard le sport aux fins que l'on sait, Hitler allait apporter à ce jugement la confirmation de l'histoire. On peut se demander, pourtant, si Léon Bloy n'a pas, poussé par son goût pour la polémique, simplifié à l'excès une question complexe.

Que le sport puisse rapidement servir à la « crétinisation » des masses, et en particulier des jeunes générations, est facile à démontrer.

Nous passerons rapidement sur toutes les conséquences fâcheuses qui dérivent de l'esprit de compétition exacerbé qui se rencontre à tous les niveaux; on continue dans les discours officiels de répéter la phrase de Coubertin, selon laquelle : « *L'important n'est pas de gagner mais de participer* », mais tout le monde sait à quoi s'en tenir; l'important pour les joueurs, entraîneurs, supporters, responsables, hommes politiques, est que le champion national ou que l'équipe nationale gagne. De cette volonté d'efficacité à tout prix découle une véritable dénaturation du sport.

Le sport, en effet, finit par être complètement détourné de ses buts. Son premier objectif — le développement harmo-

Exploration du corrigé

◁ **Introduction**

● *Construite pour un lecteur qui ne connaît pas le sujet :*
— le problème est *situé*
— la citation à commenter est *amenée progressivement*
— la phrase à commenter est *citée intégralement* (parce qu'elle est courte)
— je pose *un problème*

◁ — espace important entre l'introduction et la première partie.

◁ **Première partie**

Explication de l'affirmation discutée et arguments en sa faveur.
Remarquer le caractère construit de cette partie : elle comprend :
● *Introduction*
● *Première partie : l'esprit de compétition*
● *Deuxième partie : conséquences de cet état d'esprit*
● *Conclusion.*

nïeux du corps et sa maîtrise — est oublié. Il suffit de voir ces monstres que sont devenus certains lanceurs de poids, et certaines lanceuses, pour s'en convaincre.

Le rôle du sport dans la formation morale, sur lequel insistait tant Pierre de Coubertin, est lui aussi laissé de côté. La volonté d'être le premier, la volonté de devenir une vedette finissent par être les motivations essentielles des sportifs : le monde du sport devient une sorte de foire aux vanités où l'esprit de concurrence l'emporte de loin sur l'esprit de coopération.

Enfin la volonté d'une efficacité maximale entraîne la disparition de ce qui devrait rester l'une des composantes fondamentales du sport : le jeu.

Ce rapide tableau permet de comprendre que le sport ainsi détourné de ses objectifs soit plus propice à former des jeunes loups avides et égocentriques que des citoyens ayant le sens de la communauté.

Mais le plus grave n'est peut-être pas là. Il est plus inquiétant encore de constater que le sport et les préoccupations qui s'y rattachent finissent par envahir le champ entier de la réflexion. Le match de la veille ou du lendemain est le seul objet des conversations et remplit les colonnes des journaux. On a vu ainsi en 1938, au moment où se jouait à Munich le sort du monde, un coureur cycliste reléguer en bas de page l'actualité politique. Quel chef politique oserait aujourd'hui donner une conférence de presse à l'heure où est retransmis un match de Cassius Clay ou une finale de coupe du monde de football ? Lorsqu'il devient ainsi « impérialiste », qu'il fait rejeter au second plan toutes les autres préoccupations, le sport a en effet une action « crétinisante ».

Une conception dépravée du sport peut même receler des dangers encore plus graves, et c'est sans doute à cet aspect que pense Léon Bloy lorsqu'il parle de crétins « *malfaisants* ». La pratique du sport telle que la conçoivent certains dirigeants sportifs — et telle que la concevaient les gouvernements fascistes — débouche souvent sur une sorte d' « animalisme », un culte de la force brute. De la glorifica-

▷ Remarquer aussi le caractère *construit* de la « sous-partie »
traitant des conséquences de l'esprit de compétition exacerbé :

A. *Conséquences sur le plan physique*
   (« enflure » physique)

B. *Conséquences sur le plan de la formation morale*
   (« enflure » morale)

C. *Conséquences sur l'esprit du « jeu » (le sport disparaît en tant que distraction)*
   (« enflure » psychologique).

▷ — Espace important entre la première et la deuxième
partie.

▷ **Deuxième partie**

Explication de l'affirmation discutée et arguments en sa faveur
(suite).

Il y a *progression* parce que
   — arguments plus forts que les précédents
   — apparition d'un élément nouveau (l'explication du mot
« malfaisant »).

Cette partie est donc dans le prolongement de la première;
mais dans la mesure où il y a progression et développement
d'une argumentation différente, on est autorisé à faire une
« deuxième partie », ce qui permet de ne pas avoir une pre-

tion de la force à l'idée que les forts doivent écraser les faibles il n'y a qu'un pas, qui a été franchi par les gouvernements d'Hitler et de Mussolini. Le sport qui aurait dû contribuer à resserrer les liens entre les hommes n'aboutissait qu'à former des soldats plus efficaces. Il s'agit du passé, bien sûr, mais d'un passé toujours prêt à renaître, car, comme le disait Bertolt Brecht, « *le ventre est toujours fécond d'où est sortie la chose immonde* ».

On comprend donc la méfiance que suscite toute organisation trop systématique de la jeunesse dans des groupements sportifs; les manifestations sportives fondées sur la force et la discipline risquent, dans certains contextes, de n'être que les grandes manœuvres de combats moins pacifiques.

Cet examen du sport par le mauvais bout de la lorgnette en montre suffisamment les inconvénients et les dangers. Il ne s'agit cependant pas d'une fatalité liée à cette activité. Une action attentive à différents niveaux peut empêcher le sport d'être ainsi détourné de sa vocation fondamentale : être un authentique moyen de culture. Nous examinerons dans cette perspective la responsabilité des journalistes, des éducateurs et des hommes politiques.

Les journalistes, par goût du sensationnel, ont trop souvent tendance à favoriser le « vedettisme ». Dans les commentaires, l'accent est mis bien plus sur l'exploit individuel que sur le travail d'équipe. La caméra s'attarde, par exemple, sur le joueur qui a marqué un but et oublie celui ou ceux qui ont effectué le travail bien plus important de préparation.

Les commentaires des journalistes — qu'il s'agisse de la presse parlée ou de la presse écrite — sont aussi très souvent chauvins. La nationalité du joueur compte plus que la beauté du geste ou de l'exploit. Étant en voyage pendant les derniers Jeux Olympiques, nous avons vu, en trois jours, ces jeux retransmis par les télévisions de trois pays différents. On aurait dit qu'il ne s'agissait pas des mêmes Jeux; chaque équipe de journalistes semblait n'avoir d'yeux que pour les représentants de son seul pays. La grande entreprise à vocation universelle que sont les Jeux Olympiques aboutissait au pire esprit de clocher.

mière partie trop lourde. Remarquer là aussi le caractère *construit* :

- *Introduction (phrase de transition)*
- *Première partie : l'« impérialisme du sport »*
- *Deuxième partie : danger d'un culte de la force brute*
- *Conclusion.*

Les allusions à l'histoire sont particulièrement intéressantes ici puisqu'il s'agit d'une prophétie faite il y a une soixantaine d'années; il est normal de chercher à voir si le temps a confirmé ces prophéties.

◁ — Espace important entre la deuxième et la troisième partie.

◁ **Troisième partie**

Quelques remèdes aux maux évoqués.
Après avoir posé des *problèmes,* il est naturel d'envisager quelques *solutions.*
Remarquer comment se fait la *transition.*
Remarquer le caractère *construit* :
A. *Le rôle des journalistes.*
B. *Le rôle des éducateurs.*
C. *Le rôle des hommes politiques.*
La « sous-partie » sur le « rôle des journalistes » est *construite* sur le modèle *thèse-antithèse* :
A. *Rôle que devraient jouer les journalistes :*
    — une modération du chauvinisme,
    — une attention moins partiale,
    — une analyse plus pénétrante de ce qui constitue la réussite :
        — travail,
        — intelligence,
        — volonté.

Enfin, la presse sportive insiste trop souvent sur les aspects pittoresques et anecdotiques de la carrière d'un champion, laissant dans l'ombre le travail forcené et l'intelligence qu'exige une réussite dans le monde du sport. Il est vrai que le public a besoin de héros. Les responsables d'un journal sportif avaient décidé de donner un caractère moins « journalistique » à la présentation du sport; les ventes baissèrent au même rythme que celles d'un autre journal dont avaient été supprimés les horoscopes. La rédaction s'empressa de revenir à des conceptions plus « saines »

Les éducateurs ont sur les journalistes l'avantage d'être moins asservis par les exigences économiques. Ils ont de ce fait la possibilité de jouer un rôle important dans la formation morale des sportifs. C'est à eux de tout mettre en œuvre pour que l'esprit d'équipe passe avant le culte de la personnalité, pour que le fair-play soit la règle et non l'exception, pour que les aspects trop souvent oubliés du sport, comme l'aspect esthétique, ne disparaissent pas devant l'obsession du résultat, pour que le sport ne se transforme pas en une gigantesque entreprise de « crétinisation ». D'une manière générale, leur rôle est de faire en sorte que l'épreuve physique — outre son rôle de distraction — reste, comme dans les épreuves d'initiation de l'Afrique traditionnelle, un moyen de formation intellectuelle et morale, et non pas un moyen d'exacerber la volonté de puissance et le mépris de l'autre.

Une telle attitude exige que l'on ait du sport une conception large; l'initiation au sport ne doit pas porter seulement sur l'acquisition de techniques qui permettent d'améliorer les performances, mais aussi, selon le vœu de Marcel Mauss, sur l'acquisition de techniques de repos et même de techniques de sommeil. Le souci d'un équilibre du corps doit passer avant celui de la performance.

Par ailleurs, l'activité physique ne doit pas être considérée isolément; l'éducateur doit avoir conscience de l'imbrication des différents facteurs : physiques, psychiques, moraux, et même politiques. Il doit faire prendre conscience de cette imbrication à ceux dont il a la charge. Dans la mesure où elle est au carrefour de différentes activités, la formation sportive peut jouer un rôle fondamental dans le développement d'un

B. *Obstacles rencontrés par les journalistes qui désirent jouer ce rôle :*

— le goût du public (favorisé par la presse moyenne) pour l'anecdote,

— la nécessité économique de plaire à ce public.

Exemple de transition : « Les éducateurs ont sur les journalistes l'avantage d'être moins asservis par les exigences économiques. Ils ont de ce fait .../... »

Construction de cette « sous-partie » :
A. *Rôle des éducateurs : valoriser*

— l'équipe,
— le fair-play,
— la beauté gratuite,
— l'intériorité.

B. *Exigences impliquées par ce souhait :*
Nécessité d'avoir une conception large du sport.

La « sous-partie », « exigences impliquées par ce souhait », se subdivise elle-même en deux paragraphes :

1. *La recherche d'un équilibre du corps :*

— tension,
— relaxation.

2. *Nécessité de ne pas faire du sport une activité isolée :*

— à l'intérieur même du sujet,

— par rapport aux grandes instances de la vie sociale (éducation, politique, culture).

individu, et être, comme nous l'avons dit, un authentique moyen de culture.

La responsabilité des hommes politiques peut être étudiée avec celle des éducateurs, car leur rôle est le même à un niveau différent. Elle se situera surtout dans la définition des objectifs et dans la mise en œuvre de moyens qui favoriseront plus une pratique massive du sport qu'une compétition réservée à une élite, la santé des citoyens passant avant la récolte des médailles.

Nous voyons donc que si la prédiction pessimiste de Léon Bloy a été en partie confirmée par les faits — ce que Dumazedier résumait en disant : « *En cinquante ans toutes les idées de Coubertin ont été trahies* » — cela ne doit pas entraîner une condamnation sans appel du sport, mais au contraire inciter à prendre les mesures qui éviteront la dépravation d'un idéal au départ très noble. Il faut en tout cas éviter de transformer les sportifs en boucs émissaires de tous les péchés du corps social. Le malaise qui règne dans le monde sportif ne fait que refléter le malaise de la société tout entière, une société écartelée entre l'éloge de la concurrence et l'aspiration à la fraternité.

Documentation complémentaire

Les chiffres qui suivent sont tirés du livre de Michel Platini, *Ma vie comme un match,* paru aux éditions Robert Laffont.

23 mai 1964, Lima, Pérou : 320 morts et 1 000 blessés lors d'un match de qualification pour les J.O. opposant le Pérou et l'Argentine ; 17 septembre 1977, Kayseri, Turquie : 40 morts, 600 blessés (les supporters se battent au couteau) ; 23 juin 1968, Buenos-Aires, Argentine : 80 morts, 150 blessés (les supporters allument des feux de joie ce qui provoque une panique) ; 25 juin 1969, Kirikhala, Turquie : 10 morts, 102 blessés (les supporters se battent cette fois à coups de revolver) ; 11 mai 1985, Bradford, Angleterre : 54 morts, 200 blessés (un incendie certainement criminel) ; 29 mai 1985, stade du Heysel, Bruxelles : 38 morts, 454 blessés (panique provoquée par les supporters anglais).

Cette troisième partie ne comporte pas de conclusion; on enchaîne dans ce cas sur la conclusion d'ensemble.

— Espace important entre la troisième partie et la conclusion. Ne pas tomber dans l'excès sur ce point. Sauter trois lignes, mais pas sept ou huit.

Conclusion

Exemple de conclusion qui comporte à la fois :
— un *bilan,*
— un *élargissement.*
Cette sorte de mise au point faite par le rédacteur avant de terminer est indispensable; elle est malheureusement presque toujours absente.

Ce plan se rapproche du plan « problèmes-causes-solutions » mais les causes sont étudiées en même temps que les problèmes, ce qui s'impose souvent.

On peut trouver une documentation pour la dissertation dans des ouvrages qui n'ont pas une vocation scolaire. Mais il faut avoir l'esprit en éveil.

Un complément utile :

LES BONNES COPIES
DE BACCALAURÉAT

Le meilleur complément que l'on puisse trouver à notre ouvrage pour comprendre ce qu'on attend d'un candidat au Bac est la série *Bonnes copies de Baccalauréat* dans la collection Profil Formation.

L'essentiel de ces brochures est constitué par le texte de copies ayant obtenu au Baccalauréat d'excellentes notes. Ce texte est cependant accompagné d'un commentaire qui s'efforce de souligner les côtés positifs des copies présentées.

L'intérêt de ces dissertations est qu'elles vous montrent ce qu'a pu faire un candidat de votre âge dans les conditions de l'examen. Les titres disponibles actuellement sont :

Bonnes copies de baccalauréat, Français : Dissertation, Essai, tome 1, Hatier, Profil Formation n° 319-320

Bonnes copies de baccalauréat, Français : Dissertation, Essai, tome 2, Hatier, Profil Formation n° 347-348

★

A signaler pour le résumé et la discussion (qui est une petite dissertation), une formule de Bonnes copies très différente des précédentes. Il s'agit d'un véritable ouvrage de méthode à partir des copies d'élèves :
Bonnes copies de bac. Technique du résumé et de la discussion, collection Profil Formation n° 363-364.

Comment travailler [5] avec ce livre

La préparation à la dissertation demande un travail qu'il faut commencer dès le début de la classe de seconde, et qui doit porter sur trois points :

1. *La documentation.*
2. *La recherche du plan.*
3. *La rédaction.*

Un *travail de documentation* est indispensable. En dépit de ce que nous avons dit sur la nécessité de la réflexion individuelle, il est évident que votre savoir personnel est relativement limité et qu'il vous est nécessaire d'avoir recours aux ouvrages qui ont fait les meilleures synthèses sur les problèmes fondamentaux.

La recherche du plan a pour but de vous donner une certaine agilité pour organiser rapidement les éléments d'un développement. Il faut, comme nous vous l'avons conseillé, vous exercer à trouver en une vingtaine de minutes des plans sur des sujets donnés à l'examen.

La rédaction est aussi une question d'entraînement. Sans vous demander d'adopter la devise : « *Pas un jour sans une ligne* » qui fut celle de nombreux écrivains, nous tenons à insister sur la nécessité d'une certaine pratique de l'écriture pour arriver à construire, dans le peu de temps qui est alloué à l'examen, un développement acceptable.

La difficulté dans ces domaines est de commencer. Aussi proposons-nous dans les pages qui suivent un plan de travail un peu directif, mais qui devrait vous permettre de faire les premiers pas.

TRAVAIL RELATIF A LA RECHERCHE DU PLAN

A. Travail à partir de corrigés rédigés

Textes concernés

Travail
1. Lisez attentivement ces textes et essayez d'en dégager le plan détaillé.
2. Mettez en évidence les procédés qui ont été utilisés pour faciliter les transitions.

B. Travail à partir des listes de sujets

Listes concernées

Sujets pouvant être traités par :

Travail
1. Essayez d'établir pour ces sujets un plan détaillé correspondant à la catégorie dans laquelle ils sont rangés.
2. Essayez de chercher pour ces mêmes sujets d'autres possibilités de plan.

TRAVAIL RELATIF A LA DOCUMENTATION
A LA RECHERCHE DU PLAN
A LA RÉDACTION

à partir des propositions de plan contenues dans cet ouvrage.

Propositions de plan concernées

Travail

Le travail pour chacun de ces sujets comprendra cinq phases :

1. Documentation.
2. Acquisition d'un vocabulaire minimum.
3. Rédaction d'un devoir à partir du plan proposé.
4. Recherche d'un autre plan sur le même sujet.
5. Recherche d'un plan sur un sujet proche et éventuellement rédaction.

Vous avez devant vous :

DOUZE MOIS DE TRAVAIL

1er mois   **LA LECTURE**

Voir corrigé pages 30 à 35.

1. Documentation

Clefs pour la lecture, Decaunes	Seghers
Sociologie de la littérature, Escarpit	Que sais-je?
	No 777

Le compte rendu de lecture, C. Geray (Profil Formation, Hatier).

2. Vocabulaire à vérifier

Culture/érudition; langue/style; roman/nouvelle; roman/autobiographie; romanesque/romantique *(fréquentes confusions sur ces deux termes)* ; *roman* pastoral, picaresque, d'analyse; romantisme; réalisme; naturalisme.

3. Rédaction

Sujet page 33.

En vous inspirant librement du plan proposé pages 33 à 35 et en rédigeant une introduction et une conclusion différentes.

4. Recherche d'un autre plan sur le même sujet

5. Recherche d'un plan sur un sujet proche (et éventuellement rédaction)

Sujet : Flaubert disait : *« Lisez pour vivre! »*
Qu'en pensez-vous ?

2e mois   BEAUTÉ ET TECHNIQUE

Voir sujet et proposition de plan pages 102 à 107.

1. Documentation

La laideur se vend mal, Loewy   Gallimard
L'esthétique industrielle, Huisman et Parrix   Que sais-je?
                                                   Nº 957
auxquels on ajoutera si possible quelques-uns des écrivains
cités dans le corrigé.

2. Vocabulaire à vérifier

Design ; environnement ; esthétique industrielle ; infras-
tructure ; mégalopole, urbaniste, urbanisme.

3. Rédaction

Sujet page 102.
En vous aidant librement du plan proposé pages 106 et 107
et en rédigeant une conclusion différente.

4. Recherche d'un autre plan sur le même sujet

5. Recherche d'un plan sur un sujet proche (et
éventuellement rédaction)

---

*Sujet : « Les fenêtres de ma poésie sont grand'ouvertes sur
les boulevards... »* écrivait Blaise Cendrars.
   Y a-t-il selon vous une poésie de la cité moderne ?
   Vous répondrez à cette question en partant de votre propre
expérience et en évoquant, si possible, quelques témoignages
littéraires ou artistiques de son existence.

---

6. Travail de groupe possible sur « La ville dans la
chanson ».

LA POLLUTION

Voir sujet et plan pages 26 à 29.

1. Documentation

*La nature dé-naturée**, Dorst   Seuil/Points
Le Tiers Monde et l'environnement, Laulan   P.U.F.
La pollution des mers, Bellan et Pérès   Que-sais-je ? N° 1555
(Se procurer des informations précises sur la dernière
catastrophe en date.)

2. Vocabulaire à vérifier :

Chaîne alimentaire; écologie; écosphère; écosystème; environnement; environnement du travail; *énergie* éolienne,
géothermique; marémotrice; solaire; milieu; M.I.T. et
Club de Rome; nuisances; technologies douces.

3. Rédaction

Sujet page 26.
En vous aidant librement du plan proposé pages 26 à 28 et
en rédigeant une introduction et une conclusion différentes.

4. Recherche d'un autre plan sur le même sujet

5. Recherche d'un plan sur un sujet proche (et éventuellement rédaction)

Sujet : Dites ce que selon vous peut recouvrir la notion d'environnement pour l'homme et les raisons pour lesquelles ce
dernier doit s'appliquer à sa défense et à son amélioration.

---

* Les ouvrages à lire en priorité sont indiqués par un astérisque.

4e et 5e mois
LE TRAVAIL DANS LE MONDE MODERNE

Voir sujets et plans pages 111 à 118.

Voir sujets et plans pages 111 à 118.

1. Documentation

Le travail en miettes *, Friedmann	Gallimard/Idées No 51
Le grand espoir du XXe siècle *, Fourastié	Gallimard/Idées No 20
Critique de la division du travail, Gorz	Seuil
Le Capital, Livre I ch. 1 à 7, Marx	Éditions sociales
L'Assommoir, Germinal, Zola	Livre de poche

(Deux romans sur le travail au XIXe siècle) ou G.F.

325000 francs, Vailland	en réimpression
Élise ou la vraie vie, Claire Etcherelli	Gallimard/Folio No 939

(Deux romans sur le travail en usine au XXe siècle).

Au-delà du baccalauréat, on pourra lire la saisissante étude de Willermé sur les travailleurs du XIXe siècle : *Tableau de l'état physique et moral des ouvriers employés dans les manufactures de coton, de laine, et de soie*, éd. Edhis, 1979.
Cet ouvrage qui coûte presque 500 F peut être consulté en bibliothèque.

2. Vocabulaire à vérifier

Aliénation; artisan; automation; capitalisme/socialisme; division du travail; parcellarisation des tâches; élargissement des tâches; enrichissement des tâches; forces productives; forces de travail; infrastructures/superstructures; lutte des classes; machinisme; marxisme; moyen de production; ouvrier spécialisé; prolétariat; syndicat; sociologie; Taylor; taylorisme; travail à la chaîne, aux pièces; travaillisme.

3. Rédaction

Sujets pages 111 et 115.
En vous inspirant librement des plans proposés pages 112 à 118 et en rédigeant une introduction et une conclusion différentes.

4. Recherche d'un autre plan sur le même sujet

5. Recherche d'un plan sur un sujet proche (et éventuellement rédaction)

Sujet : Parlant de l'humanisation du travail industriel, un psychologue du travail déclare : « *Le seul soulagement que nous puissions apporter à l'ouvrier, c'est croyons-nous de rendre son travail aussi inconscient que possible pour permettre à son cerveau de s'occuper d'autre chose. Le stimulant direct d'un travail joyeux qui disparaît par suite de l'évolution industrielle contemporaine, doit être remplacé par un stimulant indirect : la journée de travail plus courte, la lecture, et la musique dans les ateliers si possible* » (cité dans *Où va le travail humain ?*) Commentez et discutez. Ceux qui sont déjà entrés dans « la vie active » pourront confronter leurs lectures à leur expérience. Ils pourront tirer des exemples de ce vécu.

Voir sujet et plan pages 119 à 122.

1. Documentation

Les pouvoirs de la télévision, Cazeneuve   Gallimard/Idées
                                                    Nᵒ 214
(réfutation de la thèse de Duhamel pages 321 et suivantes).
Sociologie de la radio-télévision, Cazeneuve   Que sais-je ?
                                                        Nᵒ 1026
Vers la dictature des média ? Porcher   Hatier/Profil Actualité
1984 (roman), Orwell   Gallimard/Folio
                                              Nᵒ 822

2. Vocabulaire à vérifier

Conditionnement; culture de masse; idéologie; mass média; médium, média; magnétoscope; massification; télévision par câbles; vidéo-cassettes.

3. Rédaction

Sujet page 119.
En vous inspirant librement du plan proposé pages 119 à 122 et en rédigeant une introduction et une conclusion différentes.

4. Recherche d'un autre plan sur le même sujet

5. Recherche d'un plan sur un sujet proche

> *Sujet :* Michel Tardy, dans *Le Professeur et les images* (PUF), écrit :
> « *L'initiation au cinéma et à la télévision pourrait être l'occasion d'une passionnante aventure pédagogique.* »
> Qu'en pensez-vous ?

7e mois   L'ENGAGEMENT

Voir sujet et plan pages 74 à 78.

1. Documentation

*Qu'est-ce que la littérature ?**, Sartre	Gallimard/Folio/Essai N° 19
*Discours de Suède**, Camus	Gallimard
Les droits de l'écrivain, Soljénitsyne	Seuil/Points
Défense de la littérature, Claude Roy	Gallimard/Idées N° 161
L'homme de culture et ses responsabilités, Césaire	Présence Africaine N° 24-25

voir aussi, si possible :
dans *Situations IX* la position ultime de Sartre sur l'engagement.

2. Vocabulaire à vérifier

Art pour l'art; idéologie; jdanovisme; non-engagement; propagande, contre-propagande; réalisme socialiste; héros positif.

3. Rédaction

Sujet page 74.
En vous aidant librement du plan proposé pages 76 à 78 et en rédigeant une introduction et une conclusion différentes.

4. Recherche d'un autre plan sur le même sujet

5. Recherche d'un plan sur un sujet proche (et éventuellement rédaction)

> *Sujet :* Un homme politique écrivait récemment :
> *« Selon quelques théoriciens actuels, le théâtre, la chanson, le cinéma, doivent être uniquement discours politiques, sinon ils ne seraient que culture bourgeoise, culture de classe. Cette confusion mutile les arts et appauvrit la politique. »*
> Commentez cette réflexion.

Voir sujet et plan pages 123 à 127.

1. Documentation

La publicité,	Que sais-je ? N° 274
La publicité	Profil-Dossiers, Hatier N° 507
La défense du consommateur	Que sais-je ? N° 1611

Examinez quelques revues de consommateurs comme *Que choisir ?* ou *Cinquante millions de consommateurs.* Regardez attentivement les affiches, les publicités dans les magazines, les spots publicitaires. Décortiquez-en quelques-uns, selon le schéma : objectif, public visé, moyens utilisés, appréciation du résultat.

2. Vocabulaire à vérifier

Agence, agent de publicité; courtier en publicité; conditionnement, réflexes conditionnés; identification; marketing, étude de marché; mass média, mode, projection *(sens psychologique)* ; publicité / propagande; publicité / démarchage; publicitaire *(substantif; éviter le contresens sur* publiciste); réclame; slogan; sondage.

3. Rédaction

Sujet page 123.
En vous inspirant librement du plan proposé pages 123 à 127 et en rédigeant une introduction et une conclusion différentes.

4. Recherche d'un autre plan sur le même sujet

5. Recherche d'un plan sur un sujet proche (et éventuellement rédaction)

> *Sujet :* Commentez cette réflexion cynique faite par un directeur de journal :
> « *Les articles d'un journal sont un bon moyen de séparer les placards publicitaires.* »

Voir sujet et plan pages 86 à 92.

1. Documentation

Cinéma d'hier, cinéma d'aujourd'hui *,	Gallimard/Idées
René Clair	N° 227
De la littérature au cinéma *,	Armand Colin
Ropars-Wuilleumier	U2
Clefs pour le cinéma, Amengual	Seghers

Pour ceux qui veulent approfondir :
Langage et cinéma, Christian Metz   Larousse

Se reporter aussi aux différentes collections de poche se rapportant aux acteurs ou aux metteurs en scène.

Et ALLEZ AU CINÉMA.

2. Vocabulaire à vérifier

Angle; cadrage; champ/contrechamp; cinéma-vérité; découpage; distributeur; écriture cinématographique; fantasme; flash-back; montage; onirisme; panoramique; plan; gros plan; producteur; scène; script-girl; séquence; surimpression; travelling; voix off.

3. Rédaction

Sujet page 86.
En vous inspirant librement du plan proposé pages 87 à 92 et en rédigeant une introduction et une conclusion différentes.

4. Recherche d'un autre plan sur le même sujet

5. Recherche d'un plan sur un sujet proche

> *Sujet :* Le « spectacle » du cinéma est-il de même nature que celui du théâtre ? A travers la comparaison de ces deux arts, et si possible à l'aide d'exemples, vous tenterez de répondre à cette question.

Voir sujet et plan pages 128 à 131.

1. Documentation

*Le deuxième sexe**,	Gallimard/Folio/Essais
Simone de Beauvoir	N° 37-38
*La cause des femmes**, Gisèle Halimi	Livre de poche
	N° 4871
Le romancier et ses personnages, Mauriac	Livre de poche
(« L'éducation des filles », p. 123 à 158)	N° 3397

Maison de poupée, Ibsen
Du côté des petites filles : L'influence des conditionnements sociaux sur la formation du rôle féminin dans la petite enfance, E.G. Belotti, éd. Des femmes.
L'émancipation de la femme en Afrique et dans le monde
(Textes et documents)   Nea/Abidjan
Les femmes et le marché du travail   Profil/Dossier N° 552

2. Vocabulaire à vérifier

Dot *(sens africain et sens européen)* ; émancipation ; éternel féminin ; féminisme ; féminité ; « machisme » ; matriarcat *(sens courant et sens strict)* ; misogynie ; M.L.F. ; « phallocrate » ; monogamie/polygamie *(sens courant et sens strict)* ; polygynie ; polyandrie ; « sexisme » ; suffragettes.

3. Rédaction

Sujet page 128.
En vous aidant librement du plan proposé pages 128 à 131 et en rédigeant une introduction et une conclusion différentes.

4. Recherche d'un autre plan sur le même sujet

5. Recherche d'un plan sur un sujet proche (et éventuellement rédaction)

Sujet : Expliquez et discutez cette formule de Simone de Beauvoir :
« *On ne naît pas femme : on le devient.* »

11e mois   LA CRÉATION POÉTIQUE

Voir sujet et plan pages 79 à 85.

1. Documentation

Ion ; Phèdre *, Platon   Garnier/Flammarion
Variété *, Tome 3 Valéry   Gallimard
Ceux qui désirent approfondir cette question pourront se
reporter à d'autres textes publiés dans d'autres tomes de
Variété :   Gallimard
Variété Tome 1 (*Au sujet d'Adonis*, p. 57)
Variété Tome 5 (*De l'enseignement de la poétique au Collège de
France*, p. 285 et *Leçon inaugurale du cours de poétique au Collège
de France*, p. 295).

2. Vocabulaire à vérifier

Cadence; enthousiasme; euphonie; eurythmie; harmonie;
métrique *(substantif)* ; poétique *(substantif)* ; prosodie;
recueillement; rythme; symbolisme; surréalisme; différence
entre versificateur et poète.

3. Rédaction

Sujet page 79.
En vous inspirant librement du plan proposé pages 82 à 85
et en rédigeant une introduction et une conclusion différentes.

4. Recherche d'un autre plan sur le même sujet

5. Recherche d'un plan sur un sujet proche (et
éventuellement rédaction)

Sujet : « *La poésie qu'elle soit transport, invention ou musique
est toujours un impondérable qui peut se trouver dans n'importe quel genre, soudain élargissement du monde. Sa densité
peut être bien plus forte dans un tableau, une photographie,
une cabane (que dans un poème). Ce qui irrite et gêne dans
les poèmes, c'est le narcissisme, le quiétisme (deux culs de
sac) et l'attendrissement assommant sur ses propres sentiments. Je finis par le pire : le côté délibéré. Or la poésie est
un cadeau de la nature, une grâce, pas un travail. La seule
ambition de faire un poème suffit à le tuer* » écrit Henri
Michaux.
Commentez et discutez cette réflexion.

Voir sujet et corrigé pages 132 à 141.
Le corrigé étant entièrement rédigé, on ne trouvera évidemment pas ici la partie RÉDACTION.

1. Documentation

Sociologie du sport *, Magnane   Gallimard/Idées
                                          Nº 57
Vers une civilisation des loisirs ? * Dumazedier   Seuil/Points
La solitude du coureur de fond (Nouvelle), Sillitoe
                                          Gallimard/Folio
                                          Nº 530
La ligne droite (Roman), Gibeau   Livre de poche
                                          Nº 1643

S'informer sur le drame du Heysel. Une des biographies de sportifs. Un corrigé dans *Prépabac Français*.

2. Vocabulaire à vérifier

Agressivité; « championnite »; compétition; défoulement; fair-play; sportivité; « vedettisme »; ludique *(adjectif)*.

3. Recherche d'un autre plan sur le même sujet

4. Recherche d'un plan sur un sujet proche

> *Sujet* : On pouvait lire récemment dans une brochure présentant une compétition sportive :
> « *Le sport doit être dans notre civilisation mécanique, parfois inhumaine, une explosion de pureté qui renouvelle sans cesse l'espoir en l'humanité.* »
> Commentez et discutez cette affirmation.

Corrigé sur ce sujet se rapportant à ces problèmes dans *Prépabac Français* (Éd. Hatier), pp. 162-170.

DES MÊMES AUTEURS

Chez le même éditeur :

- **La contraction de texte**, J. Falq et P. Désalmand,
  CEDA, diffusion Hatier.
- **Le commentaire de texte**, J. Falq et P. Désalmand,
  CEDA, diffusion Hatier.
- **La dissertation**, J. Falq et P. Désalmand,
  CEDA, diffusion Hatier.
- **L'explication de texte**, P. Désalmand, CEDA, diffusion Hatier.

Ces quatre titres sont spécialement conçus pour l'Afrique Noire francophone, mais ils peuvent évidemment intéresser les enseignants et élèves d'autres pays.

★

- **Vers le commentaire composé**,
  Profil/Formation.
- **Les mots clés du français au bac**,
  Profil/Formation.
- **Bonnes copies de bac. Technique du résumé et de la discussion**, Profil/Formation.
- **Prépabac, Français**, Hatier.

★

- **Sciences humaines et philosophie en Afrique : la différence culturelle**, P. Tort et P. Désalmand, Hatier.

Manuel pour l'enseignement de la philosophie en Afrique par les textes.

★

- **25 romans clés de la littérature négro-africaine**,
  Hatier, Profil Formation n° 361.

Chez d'autres éditeurs

- **La recherche du bonheur chez Montaigne, Pascal, Voltaire, Rousseau**, éd. Pierre Bordas et fils, collection « Littérature vivante ».
- **L'émancipation de la femme en Afrique et dans le monde**, Nea/Abidjan.

INDEX DES THÈMES ABORDÉS DANS CET OUVRAGE

LITTÉRATURE

PROFIL D'UNE ŒUVRE

THÈMES ET QUESTIONS D'ENSEMBLE

HORS SÉRIE

Ateliers SEPC à Saint-Amand (Cher), France. II-1994.
Dépôt légal : mars 1994. Nº d'édit. 13927. Nº d'imp. 513.
IMPRIMÉ EN FRANCE